Ik was twa

Uit het Frans vertaald door Joris Vermeulen en Noor Koch

Sabine Dardenne

Ik was twaalf en ik fietste naar school

in samenwerking met Marie-Thérèse Cuny

TRUTH & DARE

EERLIJKE BOEKEN MET LEF

Eerste druk, november 2004
Twintigste druk, mei 2006

Oorspronkelijke titel: *J'avais douze ans, j'ai pris mon vélo et je suis partie à l'école...*

Omslagontwerp: Studio Jan de Boer
Foto's omslag: Jean Marie Périer
Typografie en zetwerk: CeevanWee, Amsterdam
ISBN 90 499 9971 9
NUR 302

Truth & Dare is een imprint van Foreign Media Books BV, onderdeel van Foreign Media Group

www.truthanddare.nl

Voor alle slachtoffers

Inhoud

Ik was twaalf en ik fietste naar school... Mijn naam is Sabine, ik woonde in een dorpje in België toen ik op mijn twaalfde op weg naar school verdween. De rijkswacht dacht in het begin dat ik was weggelopen, en dat is ook wat mijn ouders lange tijd hoopten. Mijn moeder liet 's nachts bij ons thuis een lamp aan en een luik open voor het geval ik zou besluiten om terug te keren. Mijn oma liet vanuit eenzelfde hoop altijd een deur van het slot.

Ik was een vrij opstandig – en in ieder geval behoorlijk eigenwijs – meisje dat zich niet snel de kaas van het brood liet eten. Ik maakte vaak ruzie met mijn oudere zussen en mijn moeder. Die bewuste dag ging ik naar school met een rapport dat was ondertekend door mijn moeder, maar waarop een onvoldoende voor wiskunde stond. Het was logisch dat ze dachten dat ik was weggelopen, in dergelijke gevallen is dat het eerste wat bij de betrokkenen opkomt. Vervolgens verwacht men dat er losgeld wordt gevraagd: de telefoon van het getroffen gezin wordt afgetapt en de ouders schrikken iedere keer dat er gebeld wordt. De politie heeft zelfs mijn vader verdacht! Intussen brengen de kranten in vette koppen verslag uit van het lopende onderzoek. 'Sabine onvindbaar'; 'Zoektocht in Rumillies'; 'Per helikopter zoeken naar Sabine'; 'Onderzoek levert niets op'... De rijkswacht zet een crisisteam in en maakt een telefoonnummer bekend dat getuigen kunnen bellen, er worden aanplakbiljetten gedrukt die op muren en tegen winkelruiten worden geplakt of op straat worden uitgedeeld. Ze dreggen in de Schelde, agenten kammen zoals gebruikelijk de omgeving uit, er wordt een helikopter ingezet die over het omringende platteland vliegt, en zelfs schoolkinderen nemen aan het onderzoek deel door bosjes en braakliggende terreinen af te speuren. Honderden automobilisten plakken de opsporingsberichten tegen de ruiten van hun auto. Honderdvijftig agenten en honderdzestien soldaten nemen aan de zoektocht deel, zonder resultaat.

Er is tachtig dagen naar me gezocht. De foto van mij als scholiere hing op alle muren van mijn land, en zelfs in het buitenland.

MINDERJARIGE VERDWENEN
LENGTE 1,45 METER, MAGER POSTUUR, BLAUWE OGEN, HALFLANG BLOND HAAR. OP HET MOMENT VAN HAAR VERDWIJNING DROEG ZE ZWARTE BASKETBALSCHOENEN MET TOUWZOLEN, EEN BLAUWE SPIJKERBROEK, EEN WIT T-SHIRT MET LANGE MOUWEN, EEN LANGE RODE TRUI EN EEN BLAUWE JAS. SABINE HEEFT HAAR IDENTITEITSKAART BIJ ZICH EN HAAR RUGZAK VAN HET MERK KIPLING. ZE HAD EEN BEDRAG VAN ONGEVEER HONDERD BELGISCHE

FRANCS OP ZAK. ZE HEEFT HET OUDERLIJK HUIS VERLATEN OP HAAR METALLIC GROENE MOUNTAINBIKE VAN HET MERK DUNLOP MET OP DE BAGAGEDRAGER EEN RODE TAS.

ZE IS VOOR HET LAATST GEZIEN OP DE AVENUE D'AUDENARDE IN DE BUURT VAN HET SNELWEGVIADUCT, IN DE RICHTING VAN DOORNIK, TEGEN 7.25 UUR OP DE OCHTEND VAN 28 MEI 1996.

ALS IEMAND SABINE HEEFT GEZIEN, OF OVER INFORMATIE BESCHIKT WAARMEE ZE KAN WORDEN GEVONDEN, GELIEVE CONTACT OP TE NEMEN MET DE RIJKSWACHT TE DOORNIK OF HET PLAATSELIJKE POLITIEBUREAU.

Vanaf toen maakte ik deel uit van een treurige reeks jonge en oudere meisjes die in België zijn verdwenen.

Julie Lejeune en Mélissa Russo. Samen verdwenen op 24 juni 1995, acht jaar oud.

An Marchal en Eefje Lambrecks. Samen verdwenen op 23 augustus 1995, zeventien en negentien jaar oud.

Sabine Dardenne. Verdwenen, alleen, op 28 mei 1996, twaalfenhalf jaar oud.

Laetitia Delhez. Verdwenen, alleen, op 9 augustus 1996, veertienenhalf jaar oud.

De zes slachtoffers van de zaak die mijn land in rep en roer zou brengen, die als een aardschok door media en politiek zou gaan. Nog steeds hebben journalisten uit de hele wereld het over 'de zaak-Dutroux' of 'het monster van België'.

Ik heb die zaak nu zelf verwerkt nadat ik jarenlang over 'mijn eigen geval' heb gezwegen, in het vreselijke gezelschap van de meest gehate psychopaat van België.

Ik ben een van de weinige meisjes die aan dit soort moordenaars hebben kunnen ontsnappen. Ik wilde dit verhaal vertellen, in de hoop dat de mensen in de toekomst niet langer 'raar' naar me kijken en dat niemand me meer vragen stelt. Maar als iets me de moed heeft gegeven verslag te doen van mijn lijdensweg, dan is het wel de hoop dat hierna geen enkele rechter nog pedofielen halverwege hun straf vrijlaat vanwege 'goed gedrag' zonder verdere voorzorgsmaatregelen. Van sommigen heeft men gezegd dat ze toerekeningsvatbaar en intelligent zijn. Men stelt dat ze oordeelsbekwaam zijn, en dus ontvankelijk voor psychologische behandeling. Die houding is van een angstaanjagende naïviteit.

Uiteindelijk komt het dus neer op een aantal jaar gevangenis of, in het geval van recidive, levenslang. Die recidive, die maakt me woedend.

Want er bestaan moderne, geavanceerde technieken waarmee de verplaatsingen van een 'solitair roofdier' kunnen worden beperkt zodra hij eenmaal is betrapt. Justitie kan daar gebruik van maken, het is aan de regeringen om ertoe te besluiten.

Laten ze het alstublieft in de toekomst niet vergeten. Dit nooit weer.

Op 28 oktober 2004 word ik eenentwintig. De toekomst ligt op mij te wachten, en ik hoop dat ze eindelijk rust zal brengen, ook al kun je 'het onuitwisbare niet uitwissen'.

Sabine Dardenne
augustus 2004

Op de fiets

Ik was twaalf. Die fiets, daar had ik nooit om gevraagd. Mijn peetoom had me hem voor mijn plechtige communie gegeven, het was het fijnste cadeau dat ik had gekregen. Hij kwam uit een winkel in Bergen en er waren er maar een paar van gemaakt – hij had een serienummer – een Viking Dunlop; er reden er geen duizenden van rond. Het was een mooie groene fiets. Het voorlicht, dat niet goed werkte, had mijn vader vervangen door dat van mijn oude fiets. Hij viel dus goed te herkennen. Ik fietste er nog maar een paar weken mee naar school. Ik had mijn schooltas op mijn rug, en achterop had ik een rood zwemtasje. Ik fietste op mijn gemak richting school toen de zon nog maar net op was. Het was op een dinsdag, 28 mei 1996.

Het is niet zo dat je 's ochtends onderweg naar school bedenkt dat je weleens van je fiets zou kunnen worden getrokken door een kidnapper die zich in een bestelwagen heeft verschanst.

Iedere keer dat ik het de mensen van het onderzoeksteam moest vertellen, en later het hof of een toenmalige vriendin, zag ik mezelf daar weer langs die hoge heg fietsen, vijftig meter van de tuin van mijn vriendinnetje vandaan. Ik kan die route blindelings te voet, per auto of per fiets afleggen. Maar dat ene moment en die ene plek staan op een ondraaglijke manier in mijn geheugen gegrift.

Op dat moment maakte een monster een einde aan mijn jeugd.

Die ochtend keek mijn vader me na tot ik bij de brug was. Ik heb nog naar hem gezwaaid, waarna ik afsloeg naar school en hij zich ook omdraaide... Op die plek splitst de weg zich, en ik moest links afslaan, in de richting van het stadion en het zwembad, en daarachter lag de school.

Normaal gesproken deed ik er tien minuten tot een kwartier over om bij school te komen. Het is ongeveer twee tot tweeënhalve kilometer, meer niet. Ik had al twee derde van de weg afgelegd toen ik de Rue du Stade in reed.

Het is een afgelegen straat, op dat tijdstip is het er stil. Het was half acht; ik was rond vijf voor half acht van huis vertrokken. Vaak stond mijn vriendinnetje Davina voor haar huis op me te wachten, de deur van hun garage kwam uit op die straat. Dan zag ze me vanuit de tuin aankomen en fietsten we het laatste stuk samen, met in ons kielzog haar broertje, dat ze onder haar hoede had.

Als ik langsfietste en haar niet zag staan, reed ik alleen verder en kwamen we elkaar op school weer tegen. Ik dacht in zo'n geval: haar moeder heeft vandaag besloten haar met de auto te brengen, of ze is al vertrokken, of ze is nog niet klaar... Maar omdat ik anders mijn fiets moest neerzetten, wat me een paar minuten kostte, reed ik in zo'n geval door, dat was een stilzwijgende afspraak tussen ons beiden.

Die dag zag ik al vanuit de verte dat ze er niet was, en dus besloot ik door te fietsen, de verlaten straat af, langs de dichte en vrij hoge heg. Aangezien daar naast de rijweg weinig ruimte is, reed ik in het midden, en als ik een auto achter me hoorde stuurde ik naar rechts.

Ik vond het prettig om vroeg op school te zijn en rustig mijn fiets te kunnen wegzetten. Het schooljaar was bijna afgelopen – mijn eerste jaar op de middelbare school. Ik wist me er behoorlijk te redden, maar van wiskunde snapte ik geen bal, en mijn moeder verweet me dat regelmatig: 'Nu heb je al wéér een onvoldoende!'

Meestal haalde ik dan mijn schouders op en ging ervandoor om te spelen in mijn hut naast de tuin, of bij vriendinnetjes. Er werd gezegd dat ik een 'grote mond' had, maar zolang ik mijn gang kon gaan liet me dat onverschillig. In feite was mijn grote mond mijn beste vriend, en dat is nog steeds zo.

Het was natuurlijk niet zo dat al die gedachten die ochtend, dinsdag 28 mei 1996, door mijn hoofd speelden. Ik weet niet eens meer of ik überhaupt ergens aan dacht. Ik reed langzaam, de Rue du Stade was smal en rustig maar ook donker, en erachter lag het voetbalstadion.

Ik hoorde een auto, waarop ik rechts ging rijden. Ik was vijf meter van de garage van mijn vriendinnetje verwijderd, vlak bij de heg. Achter die heg staat een huis. Als iemand achter het raam had gestaan, of in zijn tuin, dan had hij alles kunnen zien. Maar er was niemand, het was te vroeg en nog een beetje donker. Als Davina die dag op me had staan wachten zou er misschien niets gebeurd zijn... Als er zoals wel vaker een groepje leerlingen had gefietst dat de Rue du Stade nam om sneller bij school te zijn, dan zou er een groot aantal getuigen zijn geweest.

Maar ik zag helemaal niemand. Ik was vroeger dan alle anderen.

Het was een volledig doorgeroeste bestelauto, zo'n busje dat tot camper is omgebouwd, drie stoelen voor en een bedbank achterin. Het zicht door de ruiten werd belemmerd door vreselijke geel-bruine gordijntjes en honderden stickers. Als ik met mama op straat had gelopen en zoiets zag rijden, zou ik lachend tegen haar hebben gezegd: 'Moet je kijken, wat een rammelende roestbak, de knalpijp valt er bijna af en die motor klinkt niet best...'

Ik had genoeg tijd om te horen hoe het naast me kwam rijden, dat verschrikkelijke busje, en, even later, om het te zien. De zijdeur was opengeschoven. Er hing één man uit en een ander reed. Ik weet niet wat er precies is gebeurd, want ik sloot instinctief mijn ogen nog voordat ik bang werd. Ik voelde hoe ik in een fractie van een seconde van mijn fiets werd getrokken, ik werd domweg uit de lucht geplukt, met één hand tegen mijn mond gedrukt en de andere over mijn ogen. Mijn voet bleef even achter het zadel haken, maar alleen mijn fiets is gevallen. In een oogwenk was ik in het busje getrokken, waarna de man mijn rugzak losrukte.

Dat soort dingen zie je alleen in films: de beelden

gaan zo snel dat het is gebeurd voor je er erg in hebt.

Toen ik het lang daarna aan Davina vertelde, vroeg ze me: 'Maar kon je dan niets doen? Kon je je niet verzetten?'

Ik was aan het fietsen en lag hup in het busje! Achteraf bleek dat ze me al een week in de gaten hielden, als een stel jagers. Natuurlijk heb ik geprobeerd me te verzetten, maar ik was geen partij voor hen. Twaalf jaar, ik zag eruit als tien, één meter vijfenveertig en drieëndertig kilo... Ik was zó iel, zó petieterig dat de oudere kinderen op school me vaak plagend vroegen: 'Hè? Weet je zeker dat je al in de brugklas zit?'

Nadat ik meteen in een deken was gewikkeld verscheen er een hand die met geweld pillen in mijn mond wilde duwen, waarop ik meteen begon te krijsen en de man, die over me heen hing, begon te foeteren: 'Hou je mond! Er gebeurt niets!'

Ik vuurde meteen allerlei vragen op die smeerlap af. 'Wie bent u? Wat wilt u? Wat doe ik hier? En mijn fiets, waar is die? Maar ik moet naar school... Wie bent u? Laat me los! Ik ga naar school! Wat wilt u?'

Ik geloof dat ik hem meteen vanaf het begin heb 'overvoerd' met vragen, en ik haat het om geen antwoord te krijgen. Nog steeds word ik boos als een vraag niet meteen beantwoord wordt, en ik bijt me net zolang vast tot ik weet wat ik weten wil. Ik neem aan dat ik instinctief begon te krijsen, terwijl ik van angst bijna geen adem meer kreeg. Dat moment was misschien het heftigste van heel mijn leven, zo onverwacht en zo angstaanjagend dat ik als verlamd was. Ik was net in een fractie van een seconde uit de buitenwereld verdwenen, en hoewel ik dat niet zozeer besefte – overrompeld als ik was door de snelheid waarmee alles gebeurde – greep de angst me bij de keel bij de aanblik van de zwarte ogen van die onbekende man en de hand die me het zwijgen wilde opleggen. Het geluid van de motor, het rare accent van die kerel, de stinkende deken die me gevangen hield, het was vreselijk.

Ik merkte dat de chauffeur een seconde of tien uit de stilstaande wagen stapte. 'Schiet op! Pak die fiets! Vergeet de tas niet! Rijden!'

Mijn fiets werd achterin gegooid, naast mij, en mijn zwemtas ook.

Mij naar binnen sleuren, het geschreeuw over en weer, het pakken van mijn spullen – dat alles heeft minstens een minuut geduurd.

Ik werd meteen agressief van die idioot: hij zag er goor uit, had angstaanjagende ogen, vet, plat haar alsof er frituurvet in zat, een belachelijke snor. Mijn eerste indruk? Ik zei bij mezelf: wat is dat voor een viezerd, voor een ploert? Ik vertrouw hem voor geen cent.

Ik probeerde me nog steeds los te rukken, ik gilde van angst en woede en dat vond hij maar niets.

'Hou je kop!'

Ik kon in feite niets beginnen. Ik zat onder die deken vastgedrukt tegen een oud matras in het midden van het busje, ik zag de bestuurder van achteren boven de zitting en de hoofdsteun uitsteken. Die hield zich stil. In vergelijking met de ander vond ik hem nogal klein. Ik dacht: wat een schrielhannes, dat is natuurlijk het sukkeltje dat doet wat die grote hem vraagt. Jong, en met donker haar. Een zwart jack, een armoedige pet met een embleem erop, behoorlijk fout. Alles klopte: de geniepige bestuurder, het verrotte busje, de ranzige ploert. Ik vroeg me af wat ze van me wilden. Ik heb er geen seconde aan gedacht dat ik werd ontvoerd door een sadist. Als die kerel me met een hand vol snoep had staan opwachten bij de uitgang van school, dan misschien wel... Op dat moment was het enige wat door mijn hoofd speelde dat die twee 'goorlappen' me iets wilden aandoen. Dat leek me duidelijk, aangezien ze me zo hardhandig van mijn fiets hadden gesleurd. Maar wat precies, dat wist ik niet. Het was me een raadsel.

De eerste keer dat hij pillen in mijn mond duwde heb ik ze uitgespuugd, een stuk of vier, vijf... Ik verstopte ze onder het smerige matras, waarna hij een zakdoek met iets erop tegen mijn neus drukte, een soort ether, dat achteraf vloeibare Haldol blijkt te zijn geweest, en omdat ik nog altijd gilde, begon hij te dreigen: 'Als je zo doorgaat...'

Ik leidde uit zijn gebaren en duistere blik af dat ik dan klappen zou krijgen, dus ik zei bij mezelf: denk na... Als je blijft gillen krijg je een klap, wat het alleen maar erger maakt. Je moet rustig worden, hem laten weten dat je gehoorzaam zult zijn. Als je je rustig houdt vertelt hij misschien wat hij met je van plan is, waarom hij je niet naar school laat gaan.

Hoe dan ook: ik werd suf en ik geloof dat ik een paar minuten buiten westen ben geweest, maar naar zijn zin was dat te kort. Dus dwong hij me twee tabletten in te nemen met wat cola die hij in mijn keel goot, maar omdat ik de capsules niet weg kreeg en begon te kokhalzen, vroeg ik om meer cola.

'Nee. "Die andere" heeft alles opgedronken!'

Hij noemde hem 'die andere' omdat hij zijn naam niet wilde noemen. Ik kon er geen wijs uit worden. Ik begon te huilen van woede, maar bleef koppig. 'Wie zijn jullie? Wat willen jullie van me? Ik wil naar huis. Mijn ouders zullen zich afvragen waar ik blijf... Wat gaan jullie ze vertellen?'

Ze gaven geen antwoord, maar ik bleef dezelfde vragen stellen, continu. Ik kon huilen wat ik wilde, stikken van angst, maar er kwam geen enkele reactie. En het busje bleef maar rijden, zonder dat ik een idee had in welke richting. Wel hoorde ik aan het geluid van de banden dat we eerst over een klein weggetje reden en daarna over de snelweg. Ten einde raad deed ik maar of ik sliep, ik ging op mijn zij liggen met mijn gezicht richting zijwand en de 'ranzige ploert' rechts van me, waarna ik mijn ogen dichtdeed zodat hij zou denken dat ik op apegapen lag. Intussen probeerde ik zo goed mogelijk te volgen wat hij zei. Dat bleek voor mij niet interessant, hij wees alleen maar de weg: 'Daar moet je afslaan...' Blijkbaar had 'die andere' hulp nodig om de buurt uit te komen, waarna ze precies wisten waar ze naartoe moesten, zo leek het.

De bestuurder liet zich volledig leiden door wat 'de ranzige' zei. Later probeerde ik de weg te zien, of borden: ik zag er een paar voorbijschieten die me niets zeiden. Ik had buikpijn van de angst, erger dan voor een proefwerk, echte angst, het soort angst waarbij je in je broek lijkt te plassen, zo erg dat je de controle over je lichaam kwijt bent. Ik weet niet of ze er iets van hebben gemerkt en waarschijnlijk kon het ze geen bal schelen, trouwens, maar ik had het gevoel van glas te zijn, totaal verstijfd, alsof ik ieder moment in tweeën kon breken. Ik had buikpijn, mijn keel zat dicht, ik kreeg nauwelijks adem en hijgde soms als een hond. Die walgelijke deken die over me heen lag, het matras dat stonk als de neten, het geluid van die rammelende bus, en die twee kerels die niets zeiden wat het luisteren waard was, met hun rare accent, vooral die smeerlap, die weet ik veel waarvandaan kwam... Als twaalfjarige kun je accenten nog niet goed plaatsen, of ze uit Namen komen, of uit Luik, of nog verder. Als hij met een rollende 'r' had gepraat, dan zou ik gezegd hebben dat hij Vlaams was. Maar ik kon er helemaal geen wijs uit worden. Voor mij waren het vreemdelingen, stinkende ploerten, en ik bleef me maar afvragen: wat zijn dit voor lui? Waar brengen ze me naartoe? Waarom?

Ik zag geen enkele mogelijkheid om uit dat busje te ontsnappen. Om te beginnen reden we; door een raam kruipen was onmogelijk aangezien ze dichtzaten en verduisterd waren door die vreselijke gordijntjes en een enorm aantal stickers; ik kon alleen schuin omhoog door de voorruit naar buiten kijken. Heel misschien had ik het via de achterklep kunnen proberen. Maar dan had ik me een halve slag moeten draaien en moeten opstaan, waarbij ik direct mijn nek zou hebben gebroken tegen het verroeste plaatstaal... Zodra ik me had verroerd zou hij me hebben tegengehouden. Hoe dan ook, al had ik weten te ontsnappen zonder iets te breken, dan nog zou ik niet ver gekomen zijn, ook al rende ik zo hard ik kon. Kortom, ik maakte geen schijn van kans. Op een gegeven moment trok ik de deken expres over mijn hoofd, om van tijd tot tijd mijn ogen open te kunnen doen zonder dat ze het merkten. Ze moesten denken dat ik volledig in coma lag. Maar ik kreeg het warm onder de deken, die ook nog eens in mijn gezicht jeukte. Het was mei en het was 's ochtends nog vrij koud, dus ik had voor mijn tocht naar school een T-shirt met lange mouwen, een trui en mijn licht gevoerde jas aangetrokken. Maar ik zweette vooral van angst, van paniek en van onbegrip.

Ik was als verstijfd, maar dat belette me niet om na te denken. Wat had ik kunnen doen? Had ik harder kunnen fietsen? Had ik me op de grond kunnen werpen voordat ze me te pakken kregen? In de straat daar is een klein zijweggetje: ik had van mijn fiets af moeten springen, moeten wegrennen en bij een willekeurig huis moeten aankloppen. Maar de heg is zo lang... En als ik nu eens niet op de fiets naar school was gegaan... Is het mijn eigen schuld? Word ik ergens voor gestraft? Het ging allemaal zo snel, ik had geen tijd om af te stappen, ze hebben me zo uit de lucht geplukt! Ik heb het niet zien aankomen. Reed het busje al langer achter me? Waren ze me gevolgd?

De motor viel stil. De smeerlap dacht dat ik sliep, hij zei: 'Je moet wakker worden! Je kruipt in deze koffer hier zodra ik het zeg!'

Toen ik zag hoe groot de koffer in kwestie was, een blauw, volkomen verroest metalen geval, nauwelijks groter dan een gereedschapskist, hervond ik mijn 'grote mond'.

'Daar pas ik niet in!'

'Je kruipt erin!'

'Nee, hij is te klein!'

Ik word gauw benauwd, krijg snel te weinig lucht. Een probleem met mijn bronchiën dat ik als klein meisje al had. Bovendien was ik onder die deken al uitgeput geraakt, in dat bedompte, vieze busje. De angst liet me niet los, en bij de aanblik van die koffer werd hij alleen maar erger. De angst om daadwerkelijk te stikken, de angst om niet te zien waar ik naartoe werd gebracht.

Dus ik bleef maar foeteren. 'Nee, hij is te klein, ik krijg daar te weinig lucht, hij is helemaal smerig, ik word er helemaal vies van.'

Omdat ik tegenstribbelde riep hij 'die andere' erbij. 'We vouwen haar dubbel en stoppen haar erin.'

Ik was niet dik, maar toch. Ze kregen de koffer met moeite dicht. Ik werd volledig dubbelgevouwen, ze hebben er waarschijnlijk tot het allerlaatste moment mee gewacht om me erin te stoppen. Ik wist niet waar ze me mee naartoe namen, maar omdat we zoveel kilometer hadden afgelegd moest het wel ontzettend ver weg zijn. Naar wat ik hoorde hebben ze eerst de deur van het busje geopend en de koffer op de grond gezet. Daarna was er het geluid van een deur die werd geopend, ik werd opgetild en weer op de grond gezet, en ten slotte, na twee minuten die eindeloos lang leken te duren, ging het deksel open.

'Kom eruit!'

Ik werd opnieuw bang. Ik was al gewend geraakt aan het idee dat ik in die koffer zou blijven zitten; daar was ik tenminste alleen, in de luwte, ook al zat ik opgesloten. Ik verroerde me niet.

Voor me stond die 'smerige ploert', hij was nu alleen.

Ik neem aan dat de chauffeur met de pet hem tot daar had geholpen, en dat hij hem was gesmeerd. Waarschijnlijk om zich ergens van mijn fiets te ontdoen, die nooit is teruggevonden. Het kan zijn dat iemand hem gestolen heeft. Het is stom, maar pas later dacht ik: op die fiets zaten hun vingerafdrukken, ze hadden geen handschoenen aan toen ze hem vastpakten. Als iemand hem had gevonden...

Omdat ik werkelijk volledig dubbelgevouwen lag moest de smeerlap me eruit trekken. In ieder geval heb ik totaal niet meegeholpen. Ik deed weer alsof ik op apegapen lag. Ik ging zelfs zover dat ik even later sloom uitbracht: 'Wat is er aan de hand?'

Ik weet niet of ik dat spelletje bewust speelde. Terugblikkend vraag ik het me af. Het was waarschijnlijk een instinctieve reactie, vanuit het nog vage idee hem minder achterdochtig te maken en op een moment van onoplettendheid te azen. Ik geloof niet dat ik echt zo doordacht te werk ging. Waarschijnlijk kwam het door het goedje dat hij me had laten opsnuiven en de twee pillen die ik niet had kunnen uitspugen... Maar ik was helder genoeg om iets van mijn omgeving te zien. Daar had je mijn schooltas.

Ik stond nu oog in oog met die vent zonder naam, in een kamer op de begane grond van een huis zonder naam. Ik geloof niet dat ik op dat moment serieus aandacht heb geschonken aan de inrichting, het meubilair. Ik vond het allemaal nogal lelijk. Ik zag de voordeur, die dicht was. Daarnaast, in dezelfde muur, bevond zich een raam met een gesloten rolluik, midden op de dag, en ik vroeg me af waarom.

De details die ik nu nog kan geven over die kamer heb ik pas later in me opgenomen. Zo rond de derde dag...

De kamer was vierkant. In een hoek stonden kinderspeeltjes en een wieg. Tegen een van de muren stonden kasten met allerlei spullen. In een hoek een kachel, achterin een magnetron. Er was een deur die waarschijnlijk toegang bood tot een ander vertrek. Op de grond bakstenen, zakken cement en gereedschap. Zo te zien was hij bezig een schouw te bouwen. Midden in deze rommel op de vloer was een looppad vrijgehouden dat naar een deur leidde die ook nog niet af was, afgezet met gekruiste latten en plastic. Ik ben nooit te weten gekomen wat erachter lag. Tegen een andere muur stonden nog meer witte keukenkasten, maar die waren leeg. Er was een trap die naar de bovenverdieping leidde en vlak daarbij stond een vrij hoge koelkast met een telefoon erop. Daar viel niet bij te komen. Dat had ik al vrij snel door. Te midden van de rotzooi stond een tafel met stoelen. Ik weet niet meer of ik toen al de trap heb gezien die naar de kelder voerde.

Mijn eerste indruk van de plek waar ik terecht was gekomen maakte me al duidelijk dat dit geen normaal huis was waar normale mensen woonden.

Ik had dorst. Ik vroeg wat te drinken. Hij gaf me melk, waarvan ik gulzig een paar slokjes nam. Even later bevond ik me op de eerste verdieping, in een kamer met luiken voor de ramen. Ik weet niet of ik daar zelf naartoe ben gelopen of dat hij me gedragen heeft. In mijn herinnering volgde ik zijn bevelen op, deed ik gewoon wat hij zei.

Hij wees naar een stapelbed en droeg me op me uit te kleden en in bed te gaan liggen, wat ik deed. Onderweg had ik zoveel vragen gesteld, en om mijn ouders geroepen en zoveel gehuild, dat ik alleen nog maar kon gehoorzamen. Ik was waarschijnlijk verlamd van schrik, en helemaal versuft. Ik moet het wel merkwaardig hebben gevonden, naakt in die rare verduisterde kamer op bed te gaan liggen, met een deken over me heen. Meteen daarop deed hij een ketting om mijn hals die hij met een hangslot vastmaakte aan het trapje van het bed. Naast me zette hij een toiletemmer neer.

Ik koos ervoor om roerloos naar het plafond te staren, verschanst onder die deken. Vrij hoog zat nog een venstertje waar een klein beetje licht doorheen wist te dringen. Ik weet niet meer of hij me toen iets te eten heeft gebracht, maar in elk geval at ik niets. Misschien dat ik geslapen heb, uitgeput als ik was van het huilen. Maar ik hoor me nog zeggen: 'Wat doe ik hier? Die ketting doet me pijn. Ik krijg te weinig lucht. Ik ben toch geen beest?'

De gordijnen waren dicht. In de kamer brandde geen enkele lamp, maar bij aankomst had ik op mijn horloge gekeken, om me enigszins te oriënteren. Het was half elf. Ik bevond me dus op minstens twee uur rijden van huis, maar waar? Ver weg in elk geval.

Aan een van de muren hing een poster met een dinosaurus erop. Die dinosaurus is ook een tijd uit mijn geheugen geweest... En dat terwijl hij me lange tijd heeft geïrriteerd, zozeer dat ik er niet meer naar kon kijken. Ik lag vastgebonden aan een kinderbed, ik had een wieg en speeltjes gezien, dus ik bevond me in een huis waar kinderen woonden. Alleen en in het donker dacht ik na over mijn merkwaardige situatie. Wat deed ik daar? Wat zou er hierna gaan gebeuren?

De tweede dag kwam hij de kamer in, hurkte neer naast het bed, en begon een verschrikkelijk verhaal te vertellen. 'Wees maar niet bang, ik wil niet dat je iets overkomt. Ik heb je leven gered. Er is een gemene chef die je kwaad wil doen, hij wil geld van je ouders...'

En om zijn woorden kracht bij te zetten liet hij de derde dag 'die andere' komen, de schrielhannes met de pet, die alles wat hij zei in korte zinnetjes bevestigde. Zo af en toe zei hij alleen maar: 'Ja, dat klopt'; 'Ja, zo is het...'

En de smeerlap met de snor bleef maar zeggen: 'Zie je nou wel? Ik ben niet de enige die het zegt, hij daar weet het ook...'

Daarna vertelde hij dat de 'chef' me kwaad wilde doen omdat mijn vader rijkswachter was geweest en hem indertijd iets had geflikt. De chef wilde zich dus op een van mijn vaders kinderen wreken, en de keus was op mij gevallen. Hij eiste geld, losgeld. Na afloop herinnerde ik me aanvankelijk dat het om één of drie miljoen franc ging, maar aangezien ik mezelf weer 'pff!' zie doen, zal het wel drie miljoen geweest zijn. Tja, op je twaalfde heb je nauwelijks besef van geld. Eén miljoen hadden mijn ouders desnoods nog bij elkaar kunnen schrapen, door overal wat te lenen, maar drie... Zelfs als ze het huis hadden verkocht, de auto, alles wat ze bezaten, dan nog was het ze niet gelukt, dat weet ik zeker.

Hoe wist hij dat mijn vader vroeger rijkswachter was geweest? Had ik het hem zelf verteld, bijvoorbeeld door, jong als ik was, te dreigen met: 'Pas maar op, mijn vader heeft bij de politie gezeten'? Dat is heel goed mogelijk. In ieder geval vormde dat de kern van zijn verhaal. Ik begreep niet goed voor welk 'kwaad' mijn vader verantwoordelijk was geweest. Had hij ervoor gezorgd dat die man in de gevangenis was beland? Was hij hem geld schuldig? Vanwege deze toestand zat ik nu gevangen, en moest mijn vader losgeld betalen. Dat was me de eerste dag al meteen duidelijk. En ik heb geprobeerd het voor mijn ouders op te nemen. 'Maar zoveel geld hebben ze niet, het zijn geen miljonairs...'

Hij maakte me duidelijk dat ze 'er goed aan deden' het bij elkaar te krijgen, want anders... ging ik dood.

Het was moeilijk om een besef te krijgen van de tijd, maar ik weet zeker dat hij die dag is begonnen met zijn handtastelijkheden. De tweede dag, ik was toen nauwelijks bijgekomen, maakte hij me los en bracht me naar een kamer ernaast, zo te zien de zijne, met een tweepersoonsbed. Later ben ik die 'de lijdenskamer' gaan noemen. Daar moest ik voor het eerst zijn handtastelijkheden ondergaan.

Ik weet nog dat hij ook polaroidfoto's heeft gemaakt – daarvóór of daarna, dat is moeilijk te zeggen, maar ik werd me er bij de tweede of derde foto vagelijk van bewust. Het was raar, ik begreep niet waarom hij me zo nodig naakt bij hem in de kamer moest fotograferen. Ik herinner me nog hoe ik reageerde.

'Wat is er?' Ik huilde onophoudelijk, en het was duidelijk dat dit hem irriteerde. Daar had ik blij om moeten zijn...

Want daarna bracht hij me terug naar de kamer met het stapelbed, waar hij me weer vastbond en me opdroeg te gaan slapen. Voor mij was het moeilijk te begrijpen wat me werd aangedaan door die stinkende, lelijke, in mijn kinderogen zo oude man. Ik werd opgesloten omdat iemand losgeld voor me wilde, maar... hij deed alsof hij mijn leven redde, maar... tegelijkertijd mishandelde hij me! Ik was toen nog niet geslagen of verkracht, maar hij gedroeg zich zo afgrijselijk dat ik mijn uiterste best heb gedaan er niet aan terug te denken. Niet stil te staan bij hoe walgelijk het was. Daar lag ik weer, vastgebonden, met uitzicht op het bed boven mijn hoofd, nog steeds verlamd van schrik, met maar één gedachte: en wat nu? Wat zou er hierna met me gebeuren? Dat 'hierna' maakte me bij voorbaat al doodsbang. Ik huilde, sliep af en toe, ik had hoofdpijn, verkeerde in een shock, was wanhopig en eenzaam. Het was een verschrikking.

De strop om mijn hals werd verder aangetrokken, ik werd onophoudelijk gemanipuleerd zonder dat ik het doorhad. De man zei dat mijn ouders hadden geweigerd het losgeld te betalen, en zelfs de rijkswacht zou hebben geweigerd iets te doen; vanwege het verleden van mijn vader als agent? Dus verkeerde ik in levensgevaar, want de chef had besloten me te liquideren.

Het monster met de brillantine had zich dus vermomd als reddende engel.

'Ik heb je op bevel van de chef meegenomen, maar aangezien je ouders niet willen betalen, moet je hier weg. Wil je blijven leven of sterven?'

Ik weet niet zeker of dit zijn exacte bewoordingen

waren, maar in ieder geval bracht hij het zodanig dat ik mocht kiezen: blijven leven of sterven. Natuurlijk koos ik ervoor te blijven leven.

'In dat geval zal ik je verbergen. Ik zal zeggen dat je dood bent, maar je blijft in leven en ik zal voor je zorgen. Alleen zul je hier weg moeten, deze kamer uit, de chef mag je niet zien. Dit hier is een hoofdkwartier, hij kan ieder moment binnenkomen. En als je zou proberen te ontsnappen, dan zouden ze je weer heel snel te pakken hebben en je vermoorden. Alle huizen hier horen bij het hoofdkwartier. Ik zal je een schuilplaats laten zien!'

Een hoofdkwartier, daar sloeg mijn twaalfjarige geest van op hol. Waren het gangsters, die kerels? Politiemannen? Militairen? Buitenaardse wezens? Er schoot van alles door mijn hoofd. En die ene vraag bleef me maar kwellen: wat is dit voor vent? Een duistere 'klootzak' die me van mijn fiets trekt, dingen met me uithaalt die ongezond zijn voor een kind van mijn leeftijd en die ik helemaal niet fijn vind. Hoe vaak ik hem ook van me af duw, hij blijft doorgaan... Eerst eist hij geld, en de volgende dag maakt hij foto's van me, naakt. Hij bindt me vast, maakt me weer los.

Doodgaan? Dat was een onmogelijke optie! Ik moest de dagen door zien te komen, hopend dat ik zou blijven leven.

Na die eerste drie dagen liet hij me afdalen naar zijn 'schuilplaats'.

Het scenario

Ik kon zelfs aan mezelf niet toegeven dat ik domweg gekidnapt was. Het woord kwam niet in me op. Ik was te snel en te handig om de tuin geleid, gelijk vanaf de eerste dag, terwijl ik nog beefde van schrik en verward was door de medicijnen. Ik geloofde alles.

Die man was 'mijn redder in de nood'. Het was hem gelukt me te laten geloven in een duivels scenario waarin hij me tijdig uit de klauwen van een ander monster had 'gered'. Een 'chef' van weet ik veel wat, maar in ieder geval iemand die me wilde vermoorden. Wilde ik niet sterven, dan moest ik die andere vreemdeling gehoorzamen, alles doen wat hij wilde, toestaan dat hij me ongestoord kon 'aanraken'. Daar had hij meteen een begin mee gemaakt, en voortaan moest ik mijn dagen doorbrengen met hem, na me door hem te hebben laten opsluiten. Voor hoe lang?

In films zie je soms dat boeven het kind van de politieagent ontvoeren en om losgeld vragen. En je gelooft niet dat zoiets echt kan gebeuren, je denkt dat het alleen maar anderen overkomt, dat het maar een film is en niet de werkelijkheid. Toch bevond ik me in zo'n soort film. Ik was het echt, Sabine, een schoolmeisje uit Kain dat daar vastgeketend op een bed lag, ergens in een hoofdkwartier waarvan de chef me bij de minste tegenstribbeling of vluchtpoging zou vermoorden.

Hij zei: 'Je mag van geluk spreken dat je mij hebt getroffen, want in de ogen van de chef is je leven niets waard...'

'Geluk' dat ik 'hem' had getroffen! Maar wie was 'hij'? Ik kreeg geen naam te horen, en 'die andere' was verdwenen. Ik heb die schrielhannes met zijn pet nooit meer gezien nadat hij zijn rolletje had gespeeld.

Op een dag vroeg ik hem: 'Hoe heet u?'

Hij antwoordde dat ik mocht kiezen tussen Alain of Marc... Intuïtief hield ik vast aan een onpersoonlijker aanspreekvorm, ik bleef dat 'u' gebruiken... 'Geeft u mij mijn kleren terug,' werd het dan bijvoorbeeld. Ik had er genoeg van om naakt te zijn, ik wilde niet zo naar de kamer beneden om met hem te eten. Ik vond het verschrikkelijk om naakt te zijn. Ik had het koud, zag het nut er niet van in om me in die toestand achter te laten, en dus eiste ik op vastberaden toon mijn ondergoed en de rest terug. Hij gaf me mijn ondergoed en mijn spijkerbroek, ik weet niet meer in welke volgorde, noch op welke dag dat was, maar ik moet weken in dezelfde onderbroek hebben rondgelopen, en verder niets.

Ik wist dat ik op dinsdag 28 mei was ontvoerd. De eerste drie dagen, toen ik nog niet beneden in de bergplaats zat en nog niet was bekomen van het spul dat hij me had gedwongen te slikken, was ik niet heel helder en verkeerde ik in een soort geestelijke mist. Hij had me gehersenspoeld met zijn verhalen over de 'chef'. In één dag gebeurden er zulke merkwaardige dingen. Ik ging naar beneden om te eten, hij liet me teruggaan naar zijn kamer om foto's te maken en daarna 'de rest' te doen, dat wat ik zijn 'gedoe' noemde, aangezien ik niet wist hoe ik die walgelijke handtastelijkheden anders moest omschrijven. Ik had zoveel onbeantwoorde vragen, alles ging zo snel dat ik, wanneer ik op mijn horloge keek, het gevoel had al jaren in dat 'rotte krot' te zijn opgesloten, zonder dat ik er iets van begreep.

Aan het einde van de derde dag laat hij me afdalen naar de bergplaats. Een trap naar de kelder, en als bij toverslag zie ik een rek uit een muur verschijnen. Ik ben volkomen verbijsterd. Op de metalen planken staan flesjes water, blikjes bier, allerlei soorten flessen. Hij haalt die hele handel er eerst vanaf, waarna hij de onderste plank vastpakt, eraan trekt en dat gedeelte van de muur omhoogtilt. Daarna zet hij die onzichtbare, betonnen deur van tweehonderd kilo vast, zodat er net genoeg ruimte overblijft om naar binnen te kruipen. Als de deur dicht is en het rek vol blikjes en flessen staat, zie je er niets van, of bijna niets! Hij toont het me met een zekere trots. Het voorste gedeelte van de bergplaats, meteen achter de geheime deur, staat vol met stapels dozen, papier en een scala aan metalen rommel waar ik van hem absoluut niet aan mag komen. Maar natuurlijk heb ik er later wel in geneusd. Je moet naar links draaien – voorzover mogelijk in die krappe ruimte – om een met stalen gaaswerk beklede deur te zien, die niet op slot kan. Daarachter bevindt zich een bedframe van houten latten en een matras dat van boven totaal vergaan is. Het geheel vormt een soort grafkelder van negenennegentig centimeter breed en drie meter vierendertig lang. Dat heb ik zelf niet opgemeten, ik hoorde het pas achteraf, maar ik hoefde er maar één blik op te werpen om vast te stellen dat ik het in dat vochtige, vieze hok benauwd zou krijgen.

Aan de muur hangt een houten kastje met twee peertjes en een soort plankje waar ik behalve mijn potloden en bril niet veel op kwijt kan. Hoog tegen de achterwand, boven het hoofdeinde van het bed – voorzover je het geval een bed kunt noemen – hangt nog een kastje, met een oude televisie erop die als videoscherm wordt gebruikt, naast een spelcomputer van Sega. Tegen de rechtermuur zijn een opklapbaar bankje en tafeltje bevestigd. Als ik op het bankje zit, raken mijn voeten het matras. Van daaruit zie ik aan het voeteneinde van het matras de deur met het gaaswerk en de deur van de bergplaats. Voor het voeteneinde is net genoeg ruimte om mijn schooltas en de toiletemmer neer te zetten.

De tv kan alleen met de knoppen van het apparaat zelf worden bediend. Er is geen afstandsbediening. Een afdankertje dat je nergens meer ziet, met hout aan de zijkanten. Natuurlijk komt er geen enkele zender op door, hij is alleen om spelletjes op te spelen.

Hij doet alsof dat monsterlijke hok speciaal voor mij in elkaar is gezet. Maar dat bed van houten latten, die tv... Ik had kunnen concluderen dat het al eerder was gebruikt, ook al zei hij dat hij het in allerijl voor mij heeft gebouwd. Het is allemaal zo verbijsterend dat ik het geloof. Het deel van de bergplaats dat voor mij is bedoeld is haastig geel geschilderd, schreeuwerig, afschuwelijk geel, met overal opgedroogde druppels verf waaruit blijkt dat de schilder er geen enkele zorg aan heeft besteed. De muren zijn van beton, het is een oud waterreservoir.

Nog even en ik word in die verschrikkelijke grafkelder opgesloten. Ik herinner me dat ik met een blik vol ongeloof en verbijstering heb gezegd: 'Maar ik krijg hier veel te weinig lucht!'

Daarop laat hij me zijn 'prachtige' ventilator zien, een computerventilatortje dat aan het plafond is bevestigd. 'Geen enkel probleem, dankzij dat daar krijg je altijd lucht.'

De geheime deur van tweehonderd kilo ging achter me dicht. En ik had nog altijd geen antwoord op alle vragen die ik had. Waarom ik, waarom hier, waarom laten mijn ouders me in de steek, waarom dringt hij me dat 'gedoe' op? Ik heb zo hard gehuild dat ik niet meer kon ademen. Ik had behoefte aan houvast: hoe waste ik me, hoe leegde ik de toiletemmer, hoe kwam ik de tijd door, hoe zorgde ik dat ik contact hield met de werkelijkheid? Ik had mijn horloge, mijn agenda, mijn huiswerk Frans, mijn studieboeken, mijn pennen en potloden, klapperblaadjes en een stom computerspelletje. Dat was er een met een mannetje dat over stenen moest springen om munten te pakken te krijgen. Viel hij op een paddestoel dan werd hij groter, viel hij op een vuurbol dan schoot hij vuurbollen. Ik speelde het weleens bij een vriendinnetje van me, en dan liep ik telkens vast. Ik kwam nooit verder dan het eerste level; level 2 speelde zich af in het water en daar ging het altijd mis. Met als gevolg dat ik wel honderd keer achter elkaar alleen maar het eerste niveau speelde... Waardeloos was dat, ik werd er gek van.

Voordat hij me in dat smerige hol achterliet zei hij dat hij wat eten en drinken voor me zou halen, voor het geval hij een tijdje weg zou blijven. Pakken melk, jerrycans kraanwater, brood.

Het kwam niet in me op dat ik misschien wel de rest van mijn leven in dat rattenhol moest doorbrengen, ik koesterde nog de hoop dat mijn ouders iets zouden ondernemen, met het geld over de brug zouden komen, omdat dat de voorwaarde was – al zag ik niet voor me hoe ze aan zo'n enorme smak geld moesten komen. Ook kwam het niet in me op dat ze in heel België als bezetenen naar me op zoek waren, want hij beweerde dat ze ervan wisten en niet konden of wilden betalen. Het monster was erin geslaagd me stukje bij beetje te doen geloven dat ik min of meer aan mijn lot werd overgelaten, onder zijn welwillende toezicht, en dat, aangezien mijn ouders van de situatie op de hoogte waren, de keus aan hen was! Langzaam maar zeker schakelde hij over van 'ik denk niet dat ze het kunnen betalen' naar de formulering 'het lukt ze niet', en vervolgens naar 'ze weigeren'... En tot slot die wanhopig makende zin: 'Je ouders hebben zich erbij neergelegd. Ze hebben hoe dan ook niet betaald, dus... denken ze misschien wel dat je dood bent.'

Voortaan zou mijn leven in die bergplaats er in grote lijnen als volgt uitzien. Om te beginnen mocht ik niet schreeuwen of andere geluiden maken. De chef of wie dan ook kon altijd op ieder moment het huis binnenkomen. Het devies was stilte. Ik had de Sega-spelcomputer en mijn tas met schoolspullen, daar moest ik de tijd mee door zien te komen. Iedere keer dat hij me kwam halen om me naar boven te brengen, ofwel om te eten, ofwel voor 'iets anders' – wat helaas maar al te vaak het geval was – kondigde hij zichzelf vanachter de betonnen deur aan met de woorden: 'Ik ben het.' Als het niet zijn stem was die ik hoorde mocht ik me geen millimeter verroeren en geen woord uitbrengen. Mijn veiligheid hing ervan af. Waarschijnlijk mijn leven. Als ik niet meewerkte, en dat gebeurde regelmatig – ik duwde hem vaak van me af – volgde er dat dreigement: 'De chef is heel wat erger!'

Dat 'erger' behelsde onder andere martelingen; iemand als de chef kende nog heel wat andere middelen dan zijn lichaam om het mijne ergens toe te dwingen. De chef kon me doden... Het greep me zo aan dat de dood zich bij mij in die sinistere grafkelder nestelde om er nooit meer weg te gaan. Ik was voortdurend bang, zelfs als ik alleen in de bergplaats zat. De dood zat me op de hielen. Ik piekerde, dat was het enige wat ik kon. Ik zei bij mezelf: nu is hij zijn kameraden gaan halen en als hij terugkomt vermoorden ze me. Als ik ergens nee tegen zei, was ik bang dat hij me zou slaan of dat hij me zelf zou vermoorden. Na verloop van tijd concludeerde ik dat hij me niet zou slaan, dat hij alleen maar dreigde, met die zwarte, slechte ogen van hem: ook zonder dat hij iets zei begreep ik dat de chef of zijn bende mij op zijn teken te grazen zou nemen. Veel verder ging mijn weerstand dus niet. Ik staakte mijn verzet maar weer, vanuit de gedachte dat hij me bij zich wilde houden, maar dat hij, als hij op een dag genoeg van mij en mijn grote mond zou krijgen, meteen de voor hem makkelijkste oplossing zou kiezen: zich van me ontdoen. Die mogelijkheid achtervolgde me continu. Steeds als ik klaagde dat mijn ouders 'niets deden' om me daar weg te krijgen, antwoordde hij dat ik blij moest zijn dat ik nog leefde. Of dat de chef zijn toevlucht zou nemen tot sadistische werktuigen, en hij bespaarde me de details niet. Dat kon van alles zijn, van stokken tot flessen, de meest smerige dingen.

'Je wilt het maar niet begrijpen! De chef heeft totaal geen medelijden met je! Als hij hoort dat je nog leeft flikt hij je dingen die je nog nooit hebt meegemaakt!'

Maar soms slaagde ik erin enige autoriteit uit te stralen, al wist ik dat ik nooit het laatste woord zou hebben. Soms, als hij me beval het een of ander te doen, zei ik: 'Nee, dat doe ik niet...' Terwijl ik heel goed wist dat ik het een minuut later noodgedwongen wel zou doen. Ik probeerde eerst weerstand te bieden, en zodra ik zag dat het hem begon te irriteren zei ik bij mezelf dat ik maar beter kon doen wat hij vroeg, bang voor slaag of de chef. Bang voor alles.

Ik begon een kalender bij te houden, eerst in mijn agenda, later op een los blaadje, vanaf 13 juni, omdat toen het schooljaar ophield. Ik wist dus zeker dat die dertiende juni op donderdag viel. Het monster had me in zijn macht sinds dinsdag 28 mei. Op de bovenverdieping had ik drie dagen gezeten; vanaf vrijdag 31 mei zat ik dus in dat hok.

Mijn herinneringen aan de dagen tussen 31 mei en 13 juni, de datum waarop ik op mijn kalender 'brief' heb geschreven, zijn vrij vaag. Hij komt me halen om te eten, hij sleept me naar zijn kamer, hij brengt me terug naar de kelder, en daar zit ik weer. Iedere dag. Dat te moeten meemaken is verschrikkelijk. Die vervloekte kamer, het afzien, zijn tv waarop hij pornofilms kijkt, gecodeerd, op Canal+. En hij maar zeggen: 'Moet je kijken! Super!'

Ik keek nergens naar, ik zei alleen maar: 'Ja, super.' Hij kon de pot op. In gedachten schold ik hem uit voor klootzak. Ik wachtte tot hij klaar was met zijn 'gedoe'; mijn eigen uitdrukking voor het onzegbare. Soms was ik blij dat ik weer naar de kelder kon, soms was ik blij dat ik naar boven kon, ook al stond me zijn 'gedoe' te wachten. Dan was ik tenminste weer even uit die walgelijke grafkelder, waar mijn toiletemmer en schooltas vrijwel alle ruimte in beslag namen. Daarbuiten kon ik tenminste wat op adem komen. En nam ik ook zoveel mogelijk in me op. Er stonden gigantische kleerkasten propvol dames- en kinderkleding. Maar toen ik hem vroeg of hij getrouwd was, zei hij nee. Of hij kinderen had? Nee.

Ik eiste kleren en kreeg zowaar een kleine korte broek en een piepklein T-shirt in mijn handen gedrukt. Ik vroeg of ik me kon wassen en werd met de zoveelste ramp geconfronteerd. Maar één keer per week, en hij was het die me inzeepte. Om enigszins schoon te worden moest ik zijn aparte opvatting over persoonlijke hygiëne ondergaan.

Of het dag of nacht was leidde ik daarboven af uit het

schijnsel dat al dan niet door de gordijnen of het dakraampje viel. Wat hij me te eten gaf was smerig. Melk terwijl hij cola dronk, een soort kant-en-klaarmaaltijden die hij in de magnetron opwarmde terwijl hij zich voor mijn neus volvrat met biefstuk en zelfs chocola. Tijdens het eten had ik een mes en een vork, maar ik kreeg nauwelijks een hap door mijn keel. Hoe vaak ik niet heb overwogen die vork in zijn lijf te planten... Hoe vaak ik niet naar die dichte voordeur heb zitten staren; soms stak de sleutel zelfs in het slot. Maar altijd zat hij ertussen, als ik zou proberen naar buiten te rennen, zou hij me meteen te pakken krijgen. En buiten was het ook niet veilig. Ik bevond me in het hoofdkwartier van de chef, alle huizen eromheen waren van de chef. Misschien dat hij iets van mijn gedachten had geraden, maar hoe dan ook besloot hij op een gegeven moment dat er voortaan in het andere vertrek zou worden gegeten. Het is een heel enkele keer voorgekomen dat er iemand op de deur klopte, ik denk twee of drie keer, maar ik heb nooit gezien wie het was, of wat hij toen deed. Hij glipte naar buiten, het duurde nooit lang.

'Het is iemand van de bende, maak je geen zorgen...'

Ik mocht geen vragen stellen en vooral geen geluid maken, vanwege de beruchte chef. En vanaf het moment dat ik in het andere vertrek at, deed hij de tussendeur dicht, 'zodat niemand me zou zien'.

Op een dag zag ik zijn voorraad medicijnen. Uit een plastic zak haalde hij doosjes die hij soort bij soort opstapelde. Hij zei dat het zijn persoonlijke apotheekje was. Hij deed zich voor als geneeskundige, een intelligent persoon die overal verstand van had. Hij had me vol trots zijn schouw laten zien. Hij was dus architect! En ook door hem gemaakte tekeningen, maar die kan ik me slecht voor de geest halen omdat ik ze nauwelijks een blik waardig keurde. Een soort bouwtekeningen. Ik wist niet waar ik hem moest plaatsen, wist niet wie hij in werkelijkheid was. Hij beweerde dertig jaar te zijn, terwijl hij veel ouder was, dat hij zeven door honden bewaakte huizen bezat, maar allemaal zonder tuin, dat hij geen vrouw had omdat de chef dat niet wilde, en dat hij al een hele tijd lid was van de bende. Hij overstelpte me met zijn verhalen over de chef en over die mysterieuze, gevaarlijke bende. Bang als ik was kon ik me niet van dat scenario losmaken. Maar ik bestookte hem met vragen. 'Wanneer ga ik hier weg? Wanneer zie ik mijn ouders terug?' En met eisen: 'Ik wil een kussen om te slapen, ik wil een wekker, ik wil iets anders eten, ik ben die melk zat, ik wil mijn kleren wassen, ik wil papier om te kunnen tekenen! Ik wil een tandenborstel...' Hij keek zo verbaasd toen ik over die tandenborstel begon dat ik vermoedde dat hij zelf zijn tanden niet vaak poetste...

Ik drong zo aan dat hij boos werd: 'Hou je kop!' Hij knalde met zijn vuist op tafel, en alleen al uit zijn blik maakte ik op dat hij ondanks alles in staat was tot de vreselijkste dingen. Hij was vreemd: soms deed hij vriendelijk, en op andere momenten werd hij zonder reden boos. Als ik bijvoorbeeld weigerde om beschimmeld brood te eten, of zure melk, schoot hij uit zijn slof omdat hij de melk had gekocht en ik hem zuur liet worden...

Ik haatte zijn accent, dat air van hem alsof hij alles wist, en ik wist nooit wat ik van hem moest denken: de beschermer die slecht voor me zorgde, me pijn deed... Het sprak elkaar tegen. Onbewust wist ik dat het niet 'klopte', maar als twaalfjarige lukte het me niet om de stukjes van die te ingewikkelde puzzel op hun plek te leggen.

Kon hij me bijvoorbeeld niet met mijn ouders laten bellen? Waarom vertelde hij me dat hij via een tussenpersoon met ze had gecommuniceerd? Maar die telefoon daarboven op de koelkast was een apparaat met een rechtstreekse verbinding naar de chef! Een chef die rijker was dan een minister en die kinderen had. Ik moest toch snappen dat alles hier van hem was.

Als ik probeerde te bellen zou ik hem aan de lijn krijgen of een van de anderen, zodat ze meteen wisten dat ik nog leefde. Ik heb wel degelijk overwogen 112 te bellen, om hulp te roepen, maar aangezien de telefoon rechtstreeks met de chef was verbonden kon ik er nooit 112 mee bellen... Bovendien was ik te klein om erbij te komen. Maar het bleef door mijn hoofd spoken, die telefoon, net zozeer als de sleutel in de deur. En de vork.

Mijn enige verweer bestond erin hem te bestoken met mijn eisen. Als ik eenmaal iets wil hebben, laat ik niet meer los. En ik vroeg het op een toon die geen nee duldde.

Ik deed bijdehand, en in gedachten maakte ik hem uit voor klootzak.

De verveling en eenzaamheid begonnen aan me te knagen. Ik had een wekkerradio weten los te peuteren, ik kon naar muziek luisteren, maar ontving geen nieuwsstation. Ik had hem alle kanten uit gedraaid, in de hoop iets van de buitenwereld op te vangen, zonder resultaat. Mijn schuimrubberen matras was aan het vergaan, er liepen overal beestjes.

Soms had ik de neiging de muur te lijf te gaan. Ik smeet met de joystick, waarna ik als een bezetene naar de klok ging staren. Ik heb zelfs een lijst gemaakt. Ieder cijfer deed me ergens aan denken. 13.23 uur; 23 is ons huisnummer, 29 dat van Bonne Maman, 17 mama's verjaardag, 22 die van mijn vader, 39... 1.00 uur... Ik wist niet waarom ik keek... De minuten obsedeerden me, ik associeerde ze met alles wat in me opkwam, inclusief schoenmaten. Ik klampte me aan zoveel mogelijk dingen vast.

Aangezien ik alleen maar tegen mezelf kon praten, sprak ik mezelf hardop moed in: 'Oké, dan ga ik nu een glas water drinken...'; 'Laat ik eens Nederlands gaan studeren'; 'Ik pak mijn schrift en ga "iets nuttigs" doen'... 'Iets nuttigs', dat was een les wiskunde, Frans, Latijn of natuurkunde. Ik keek naar mijn rapport dat ik had moeten inleveren, het was ondertekend. Wiskunde zag er dramatisch uit, zoals gewoonlijk. Als ik flink zou blokken kon ik overgaan, en voor de rest was ik een middenmoter. Maar iedereen ging sowieso aan het einde van het jaar over, automatisch. Dat was een nieuwe wet. Nog meer op wiskunde ploeteren was niet nodig... Ik heb geprobeerd de sommen in mijn eentje te maken, wat niet lukte. Maar het hield me bezig.

Trouwens, ik studeerde niet echt. Ik had een boek voor Nederlands, vocabulaire en vervoegingen, en daaruit schreef ik vertalingen over, rijtjes werkwoorden, zonder dat ik mijn best deed het te begrijpen. Ik schreef het allemaal over, als een kopieermachine. Ook heb ik Franse citaten overgepend. Overpennen, overpennen, klapperblaadje na klapperblaadje schreef ik vol. En ik eiste dat 'hij' me papier voor mijn tekeningen gaf; geen sprake van dat ik mijn resterende mooie blaadjes daarvoor zou gebruiken.

Natuurlijk was er niets wat ik niet miste. Thuis was het eten lekker, daar had ik mijn bed, het kussen dat Bonne Maman voor me had gemaakt en waar ik iedere nacht op sliep. Schone lakens, kleren, al mijn spulletjes. Ik had daar mijn hond, Sam, Tifi, mijn goudvis, mijn hut in de tuin, mijn vriendinnetjes, die zich natuurlijk afvroegen wat er met me was gebeurd. Hoe hadden mijn ouders op school mijn verdwijning uitgelegd?

Ik weet niet meer of ik heb gevraagd of ik mijn ouders een brief mocht sturen, of dat hij het zelf voorstelde, moe van alle tweestrijd, maar op donderdag 13 juni begon ik aan mijn eerste brief. Ik wilde mijn ouders laten weten in welke situatie ik me bevond.

Jammer genoeg is die brief verdwenen, terwijl hij de laatste twee wel heeft bewaard – vanzelfsprekend zonder dat ik het wist; ze zijn allebei teruggevonden.

Op vrijdag 21 juni deelde hij me mee: 'Ik moet weg voor een opdracht.' Wat die 'opdrachten' waren kreeg ik natuurlijk niet te horen. Hij had verteld dat de chef hem zelfs naar Oost-Europa stuurde.

Het voordeel daarvan was dat ik niet 'naar boven' hoefde, maar aan de andere kant gaf het extra stress vanwege de eenzaamheid, daar in die grafkelder. Ik kon er niet tegen om in het donker te zitten, dus liet ik de grote lamp dag en nacht aan, mezelf dwingend een enigszins natuurlijk waak- en slaapritme aan te houden. Maar soms sliep ik toch overdag, en soms deed ik 's nachts geen oog dicht en staarde ik als van koorts bevangen naar de wekkerradio. Ik nam niet veel van de extra etenswaren die hij, gul als hij was, beneden had neergezet. Conservenblikken die ik koud leeg moest eten. 'Je moet het sap opdrinken,' had hij me aangeraden. Beschimmeld brood. Ik compenseerde het met Nic-Nacs, koekjes in de vorm van letters. Dat was zo ongeveer het enige wat ik at.

Misschien dat ik toen de wekkerradio uit elkaar heb gehaald, in de hoop een nieuwsuitzending te horen, berichten uit de buitenwereld, wat dan ook, iets waardoor ik weer even met mijn vroegere leven in contact kon komen. Het was beslist niet zo dat ik verwachtte iets over mezelf te horen. Ik was niet verdwenen, werd niet gezocht, hoorde niet thuis in het rijtje verdwenen Belgische kinderen. En toch... Op een dag had ik bij een vriendinnetje een aanplakbiljet gezien met de gezichten van Julie en Mélissa erop, twee meisjes van acht die op 24 juni 1995 waren verdwenen en van wie al een jaar lang niets was vernomen! Ik had het gezien, verder niets. Het kwam niet in me op mijn zaak met hen in verband te brengen. En toch... Achter die afschuwelijke gele verf gingen waarschijnlijk sporen van hun aanwezigheid schuil. Ik wist niets van alle ophef in de buitenwereld, de paniek van mijn ouders, de zoekacties, de aanplakbiljetten waarop ik nu als 'vermist' stond afgedrukt, net als die andere meisjes, met daarbij mijn signalement, mijn blauwe ogen, blonde haar, mijn postuur, en zelfs een foto van een fiets zoals de mijne, met het rode zwemtasje op de bagagedrager. Ik was meteen als vermist opgegeven. Ik wist helemaal niets van de zoekacties, de honden, de rivieroevers die werden afgekamd, alles wat mijn ouders verbeten, hardnekkig ondernamen om me te vinden.

Op 26 juni was hij terug. Ik zat daar toen al dertig dagen. Zijn terugkomst betekende dat het ritueel in de lijdenskamer weer zou beginnen. Daarboven, op het bed, bond hij me vast met een ketting die van zijn enkel naar de mijne liep. Soms moest ik de hele nacht in die vervloekte kamer naast hem blijven 'slapen'. Ik durfde niet in slaap te vallen. Ik was altijd bang dat hij wakker zou worden en in mijn slaap weer zou 'beginnen', en dat ik niet eens 'nee, ik wil niet' zou kunnen zeggen. Ik voelde iedere beweging, elke keer dat hij zich omdraaide trok de ketting strak en sneed in mijn enkel. Soms vergiste die idioot zich en maakte hij rechtervoet aan rechtervoet vast. Dan was ik gedwongen dichter bij hem te blijven liggen. De nacht duurde lang. Ik keek naar het plafond, of naar de tv als hij bij wijze van beloning een zender had aangelaten die om aan te zien was. Al lukte het me zo nu en dan mijn ogen dicht te doen en een enigszins gemakkelijke houding aan te nemen, ik was er continu door geobsedeerd niet echt in slaap te vallen. Als hij iets uithaalt, dan kun je in ieder geval proberen je te verzetten, zo redeneerde ik. Het was het laatste beetje waardigheid dat ik bezat, te tonen dat ik niet wilde, nee te zeggen, tot het moment waarop hij begon te dreigen en ik mijn verzet moest staken.

Om mezelf wakker te houden riep ik beelden op van mijn moeder die thuiskwam van haar werk, mijn zussen die tv-keken, misschien wel hetzelfde als ik; ik dacht aan Sam, aan Tifi, aan mijn eigen tuintje, de zaadjes die ik er had geplant, de appeltaart van mijn peettante, het kussen van Bonne Maman, en ook probeerde ik dingen te verzinnen die konden voorkomen dat ik in de bergplaats zou doodgaan van verveling, dingen waarmee ik de klootzak die daar lag te slapen te grazen kon nemen. Als ik nu maar een wapen had gehad, een mes om hem te vermoorden, als ik hem ergens mee op zijn bek had kunnen slaan, een van de bakstenen die op de begane grond rondslingerden. Maar met een baksteen zou ik weinig hebben kunnen uithalen bij hem! Ik was hoe dan ook te klein om hem echt iets aan te doen.

Maar ik deed wat ik kon. Soms trok ik zelfs aan de ketting om hem te treiteren, ik brulde dat hij losser om mijn enkel moest, ik klaagde over van alles, riep onvermoeibaar om mijn ouders, ik wilde bellen, schrijven, ik wilde het journaal kijken! Ik deed mijn best zijn leven tot een hel te maken door non-stop te praten, te protesteren en te huilen, en het leek erop dat ik met die beperkte middelen behoorlijk wat succes boekte.

Natuurlijk, journaal kijken, dat was uitgesloten. Bellen ook. Op sommige dagen kreeg ik een schakel extra om mijn enkel, maar dat was helaas te weinig om tot rust te komen, laat staan om weg te komen. Ik deed bijdehand, en in gedachten maakte ik hem uit voor klootzak. Een scheldwoord, rechtstreeks afkomstig van het schoolplein! Als hij bleef vragen om iets wat ik niet wilde, waagde ik het zelfs hem hardop uit te schelden. Dat luchtte op. 'Wat een zak bent u toch, da's toch niet normaal, ik wil dat niet! Ik kots ervan!'

Ik had dat gevloek nodig om me af te reageren. Maar mijn beledigingen haalden niets uit. Ze lieten hem totaal koud, of hij werd er giftig van, en uiteindelijk deed hij toch wat hij wilde. Dus ik probeerde hem niet te vaak uit te schelden, ik zei bij mezelf: pas op, je loopt kans klappen te krijgen.

Maar als ik tegenover hem zat te eten, kreeg ik weer zin een vork in zijn lijf te steken of hem met de koekenpan recht op zijn smoel te rammen, omdat hij voor zichzelf een biefstuk bakte en ik een soort pap van gore gehaktballetjes voor mijn neus kreeg. Of als hij me beval zijn kop koffie te halen die in de magnetron stond op te warmen. Ik kreeg geen koffie! Hij hoefde maar even zijn luie reet op te tillen om hem te pakken. 'Ik ben uw dienstmeid niet! De magnetron staat drie meter verderop!'

Ik had buikpijn van angst, ik was ziek van eenzaamheid, schaamte en viezigheid, ik huilde urenlang, ik kreeg er hoofdpijn en rode ogen van. Maar ik wilde weerstand blijven bieden, hem laten zien hoe erg ik ervan walgde! Ik wist niets van wat hij 'seks' noemde, ik wist ook niet dat er maniakken als hij bestonden, niemand had me ooit iets over dergelijke dingen verteld. Ik menstrueerde nog niet eens. Ik had geen vriendje, of een herinnering aan een stiekeme zoen.

Maar ik besefte wel dat zijn gedrag in geen enkel opzicht 'normaal' was. Hij was oud, ik was twaalf, en hij bleef me maar lastigvallen met zijn idiote gedoe. Wat was dat voor vent? Een klootzak, en verder niets?

Ik was zo naïef, het ergste moest nog komen.

Volhouden

De 'meneer die op me paste' las de *Science et Vie*. Mijn vader kocht hem ook weleens, en het nummer dat over planeten ging had ik heel mooi gevonden, ik ben dol op de ruimte. Ik vroeg of ik hem mocht lezen, waarop hij antwoordde: 'Kom mee, ik heb een hele stapel op zolder liggen.'

Ik nam zoveel mogelijk mee van wat hij kwijt wilde, om er zeker van te zijn dat ik me niet na twee dagen weer zou vervelen, en ook om iets anders omhanden te hebben dan die eeuwige spelcomputer, die me op de zenuwen begon te werken. Soms bracht ik vierentwintig uur in het hok door zonder te slapen, en soms was ik twaalf uur onder zeil, maar als de stress me te machtig werd en ik niet meer wist wat ik moest doen, dan was het pas echt vreselijk. Het was absoluut noodzakelijk om mijn geest bezig te houden, mezelf op de rails te houden, iets te doen om niet gek te worden.

In dat tijdschrift ontdekte ik een bestelbon voor een abonnement op naam van Michèle Martin, Avenue de Philippeville 128 in Marcinelle.

Op een ander exemplaar stond 'cel 154' geschreven.

En een paar dagen later heb ik hem gadegeslagen terwijl hij aan tafel zijn post opende. Ik zat er slecht voor, kon de letters alleen maar van de achterkant zien, dus toen heb ik als een gek met mijn hoofd zitten draaien om het adres te kunnen lezen. De postcode die ik op de bestelbon zag staan was gemakkelijk: 6001. Op de envelop stond dezelfde. En het huisnummer: 128...

Ik probeerde me op zijn naam te concentreren; omdat hij de enveloppen steeds bewoog kon ik hem nauwelijks lezen. Maar ik heb 'Marc Dutroux' zien staan, in combinatie met hetzelfde adres in Marcinelle.

Toen ik hem had gevraagd hoe hij heette, had hij geantwoord: 'Je mag kiezen, Marc of Alain...'

'Ik vind Alain mooier,' had ik gezegd.

Zo heette de aardige kapper waar we altijd kwamen. Dat zei ik liever dan Marc, omdat die naam me deed denken aan een vervelend joch bij ons in de buurt dat altijd de ballen van anderen afpikte. Maar ik heb hem nooit Alain kunnen noemen. Het bleef bij 'u', en verder niets.

Ik bevond me dus op Avenue de Philippeville 128 in Marcinelle, en die vuilak heette Marc Dutroux. Ik vroeg hem of hij in de gevangenis had gezeten, want ik had op het tijdschrift het nummer van een cel zien staan. Hij zei ja.

'Lang?'

'Ja. Veel te lang. Tegenwoordig doe ik dingen die verboden zijn om wraak te nemen op de smerissen en de rechters, en ze krijgen me nooit meer te pakken...'

Marcinelle zei me helemaal niets, ik wist niet waar

het lag. Als ik 'Charleroi' had zien staan, dan had ik het kunnen plaatsen. Maar ik wist in ieder geval zeker dat ik nog in België was.

Gezien onze postcode thuis, 7540, kon ik niet honderden kilometers ver weg zitten. Als ik het tijdstip van mijn ontvoering naast dat van mijn aankomst hier legde...

7.25 uur, laten we zeggen 7.30 uur: hij sleurt me van mijn fiets.

10.30 uur: ik kijk op mijn horloge, het moment waarop hij me aan het bed vastketent. Ik moet rond 9.30 uur bij het huis zijn aangekomen... Dus twee uur rijden...

Toen raakte ik geobsedeerd door de telefoon.

Ik had hem al meteen zien staan. Steeds als ik naar boven ging om met hem te eten, zag ik hem daar pontificaal op de koelkast links van mij staan. En steeds weer vroeg ik ernaar.

'Werkt die telefoon?'

'Je kunt er niet mee bellen, het is een rechtstreekse lijn naar het hoofdkwartier.'

'Als ik nou toch eens met m'n ouders zou kunnen bellen, vijf minuten maar...'

'Nee, je ouders worden afgetapt, en de als chef erachter komt vermoordt hij je.'

'Ze zullen niets zeggen, ik zal niet vertellen waar ik ben, of bij wie, helemaal niets, ik wil alleen weten of het goed gaat...'

'Nee!'

De eerstvolgende gelegenheid begon ik weer: 'Twee minuten maar, geen vijf... Maar twéé minuten!'

'Nee! De chef of iemand anders van de bende hoort dan dat je niet dood bent, en dat je niet bij een andere organisatie zit, en dan heb je de poppen aan het dansen!'

Hoe meer tijd er verstreek en hoe vaker hij nee zei, steeds maar weer nee, hoe heviger ik geobsedeerd raakte door het idee mijn ouders te bellen. Die telefoon liep naar de centrale van de chef, en die wilde me vermoorden. Dat was het verhaal waarmee ik me om de tuin had laten leiden. De eerste keer had ik 'O!' geroepen, alsof ik wilde zeggen: 'In dat geval vind ik het te eng, dan bel ik niet.' En ik was inderdaad bang.

Maar het daarbij te laten was gekmakend, ik werd er dol van om iedere dag dat toestel voor me te zien staan. En vooral om hem wel te zien bellen. Op een dag hoorde ik hem 'Miche' zeggen, waarna hij kusgeluiden in de hoorn maakte.

'Dat was dus een vrouw? Ik heb u kusgeluiden horen maken.'

'Nee! Bemoei je d'r niet mee! Ik heb geen vrouw.'

Een paar keer heb ik 'Michel' horen zeggen, zonder dat ik eruit kon afleiden of het een vrouw of een man betrof. Heel wat later, na het onderzoek, begreep ik dat hij minstens drie 'Michelles' kende. Zijn vrouw, Michèle; Michel, de schrielhannes met de pet, en nog een Michel, een handlanger die bij zijn autohandel en andere zwendelpraktijken betrokken was.

Maar toen hij zag hoe ik hem aan de telefoon gadesloeg, ging hij achter de koelkast staan zodat ik er minder van kon horen, of hij legde zijn hand over het spreekgedeelte en beet me toe: 'Niet luisteren, jij, dooreten!'

Ik kreeg niet veel tijd om te eten. Soms bracht hij me vrijwel meteen weer naar beneden, ongeveer een halfuur nadat hij me naar boven had gehaald. Soms, als hij had besloten zijn 'gedoe uit te halen', nam hij me mee naar de bovenverdieping, en daar bleef ik dan wel zo'n drie uur...

Op een keer wilde ik toch proberen te bellen. Hij was boven bezig met weet ik veel wat, iets waar hij de tijd voor leek te nemen, ik wilde liever niet weten wat. Ik liep naar de koelkast, maar net toen ik had bedacht hoe ik die vervloekte telefoon toch te pakken kon krijgen, kwam hij naar beneden. Ik beweerde dat ik onderweg was naar boven; hij vertrok geen spier, maar ik had het wel benauwd. Tegenwoordig is mijn mobieltje mijn beste vriend, ik bewaar alle berichten, hij gaat altijd mee. Maar als ik terugdenk aan de telefoon die daar boven op zijn te hoge voetstuk stond, word ik weer razend. Dat monster dat zo zeker van zichzelf was, en zijn angstaanjagende verhalen over die slechte chef. Die telefoon had natuurlijk een gewone buitenlijn. Ik had met mijn ouders kunnen bellen, zodat ze hadden geweten dat ik nog leefde, in afwachting van mijn bevrijding. Want dat was het enige wat ik op dat moment hoopte te doen. Ik zou niet eens de politie hebben gebeld; mijn ouders werden net zo goed met de dood bedreigd, had hij me wijsgemaakt. En als ik een vreemde stem van 'een bendelid' had gehoord, zou ik meteen hebben opgehangen. Het was gewaagd, maar op dat moment had de behoefte mijn ouders te bellen de overhand. Ik was ervan overtuigd dat hij me volledig in zijn macht had, aangezien iedere ontsnappingspoging mijn familie in gevaar zou brengen, maar ik had niets meer van ze gehoord, afgezien van wat hij me vertelde; de frustratie werd me te machtig.

Ik weet nog wat ik aan mijn ouders heb geschreven: kort samengevat dat ik het bepaald geen pretje vond om daar te zitten, en dat ik er weg wilde. Ik weet zeker dat ik heb gevraagd hoe het thuis ging, en of ze dachten het losgeld te kunnen betalen – want ondanks alles had ik nog altijd hoop. Ik heb verteld over het 'gedoe' van 'de meneer die op me paste', en ook naar allerlei details gevraagd, zoals mijn moeders werkrooster in het ziekenhuis. Ik wilde feiten uit de buitenwereld op mijn kalender noteren. De dag waarop we bij oma – 'Bonne Maman' – gingen eten, de verjaardag van mijn hond Sam, de vrije dagen van mijn moeder. Iedere dag die voorbij was kruiste ik weg om maar niet het spoor bijster te raken, daar in dat rothok.

En het enige antwoord dat mijn brief opleverde kwam natuurlijk uit zijn mond. Samenvattend: 'Luister, je ouders hebben je brief ontvangen, een kameraad heeft hem aan je moeder gegeven. Ze heeft gezegd dat je goed moet eten, dat je je niet erg goed wast, en ook dat je seks lekker moet vinden. En aangezien ze het geld niet bij elkaar krijgen, moet je hier blijven. Ze hebben zich erbij neergelegd. En dat zou jij ook moeten doen. Vanaf nu begin je aan een nieuw leven: je zult mijn "nieuwe vrouw" zijn...'

Ik weet zeker dat ik het een en ander vergeet te noemen van alles wat hij verzon om me ervan te doordringen dat hij me definitief in zijn monsterlijke klauwen had, en dat mijn ouders het in feite wel prima vonden. Op een dag, veel later, heeft hij me zelfs verteld dat mijn ouders al mijn spullen in kartonnen dozen hadden gestopt. Om aan te geven: 'Je bestaat niet meer, voor hen ben je dood, je ziet ze nooit meer terug. En het kan ze ook niks schelen.' Het was van een onnoemelijke wreedheid. In gedachten zag ik al mijn spullen in kartonnen dozen: ik werd verhuisd naar de vergetelheid. Mijn bestaan was afgelopen.

In het begin deed ik een beetje alsof ik in mijn 'nieuwe leven' berustte, maar tegelijkertijd dacht ik: het bestaat toch niet dat het mijn ouders niets kan schelen! Vroeg of laat komen ze langs met die drie miljoen en dan ben ik vrij. Ik heb ze verteld wat hij met me doet, het is toch zeker niet mijn schuld dat ik hier met hem in die kelder zit opgesloten!

Hij mocht me dan wijsmaken dat ik aan mijn lot werd overgelaten, dat ik voor hen dood was, ik bleef hopen, dag in dag uit. Ik hield vol. Ik móést volhouden, ik had geen keus. Iedere dag die voorbijging was een dag leven erbij.

Het scenario dat die klootzak had uitgedokterd was boven iedere logica verheven. Ik werd aan mijn lot overgelaten, punt uit. Maar toch wilde ik ze schrijven om uit te leggen dat ik tot dusver niet aan mijn gevangenschap was bezweken, zonder met een beschuldigende vinger te wijzen. Het was me een raadsel om welke fouten van hen ik nu moest worden gestraft, ik wilde ze nergens van beschuldigen omdat ik me zelf schuldig voelde. Allereerst omdat ik me had laten ontvoeren, en vervolgens omdat ik die verschrikkelijke vent zijn gang liet gaan. En diep in mijn hart had ik geen vertrouwen in hen. Als kleine benjamin had ik altijd al het gevoel anderen in de weg te zitten, thuis niet op mijn plek te zijn. Altijd alles slechter te doen dan de rest. Daardoor kon het gevoel van totale verlatenheid zijn gang gaan. Toch bleef ik hardnekkig bezig met overleven, schrijven, in zeker opzicht de liefde opeisen die ik eerder niet had gekregen. En ik beschuldigde mezelf ervan niet te hebben geluisterd, niet attent genoeg te zijn geweest voor anderen, thuis niet schoon te hebben gemaakt, te eigenwijs te zijn, een te grote mond te hebben... Ik was niet 'lief' genoeg geweest... en dus werd ik gestraft. Soms kwam ik in opstand, vanuit het idee dat ze werkelijk niets ondernamen om me daar weg te halen. Tegelijkertijd had ik nog altijd de hoop, de eerste weken, dat mijn ouders heel België op zijn kop zouden zetten om me te vinden. Maar na een maand zei ik bij mezelf: het is voorbij, ze zoeken niet langer naar me. En vervolgens: ze denken dat ik dood ben. Ik was het spoor bijster. Ik wist niet meer wat ik moest denken: van hen, van mezelf, noch van die kerel. Ik was volslagen radeloos. Wanneer hij me kwam halen om te eten, kreeg ik bijna het gevoel even te worden bevrijd. Maar soms liet hij me ook wegrotten in mijn hok. Er was geen peil op te trekken. Hoorde ik een verdieping hoger geluiden, dan hield ik me stil, met het idee dat de bende daarboven was, of de chef. Het toppunt was wel dat ik bijna opgelucht ademhaalde als ik zijn vreselijke stem 'ik ben het' hoorde zeggen.

Op een dag dat hij weg was had ik staan neuzen in de rotzooi die voor de deur van mijn hok lag, in de hoop er iets te vinden wat me afleiding kon bieden. Het was daar één grote troep: een computerkast, dozen, allerlei los grut. Ik had er niets interessants gevonden.

Toen kwam ik op het idee om ze te schrijven. De eerste keer had ik hem om toestemming gevraagd, en die had hij gegeven – het maakte hem niets uit, aangezien hij de brieven toch achterhield. Ik meen er vijf of zes te hebben geschreven, waarvan het onderzoeksteam er maar drie heeft teruggevonden. Onder zijn deurmat. Ik vraag me af wat hij ermee wilde doen, ze bundelen? Of verlustigde hij zich in mijn ellende?

Volgens mijn kalender heb ik op 9 juli een tweede brief geschreven. Die is verdwenen. Ik weet niet wat hij ermee heeft gedaan, maar hij heeft hem in ieder geval gelezen, als enige. Ik zat steeds op een antwoord van mijn ouders te wachten, op mijn redding, en de verwarring in mijn hoofd was compleet waar het ging om 'de schade' die mijn vader de zogenaamde 'chef' had berokkend. Soms maakte degene die ik in mijn brieven 'de meneer die op me past' noemde gewag van een geldkwestie tussen mijn vader en die chef. Soms beweerde hij: 'Je vader heeft de chef iets aangedaan.' Mijn nietaflatende vragen, mijn gehuil, het leverde vaak niet meer op dan dreigementen, en een dialoog was onmogelijk. 'Hou je mond!' 'Stoppen met huilen!'

Hij was met 'bericht van thuis' gekomen. Het kwam niet in me op dat hij de kinderlijke vragen uit mijn brief gewoon gebruikte om dingen op te dissen die mijn moeder zou hebben verteld aan de 'tussenpersoon' die mijn schrijfsels 'persoonlijk' aan haar moest overhandigen.

Ik had zo goed en zo kwaad als het ging beschreven

wat hij me aandeed, en mijn moeder had volgens hem geantwoord dat ik aardig tegen hem moest zijn, en aan alles moest toegeven waar ik over klaagde, want als ik hem begon te irriteren zou hij me aan iemand anders geven, die me zou martelen. Als twaalfjarige was het moeilijk zoiets te begrijpen. Hoe moest ik de dingen die hij met me deed 'lekker' vinden? Hoe moest ik daaraan toegeven, terwijl ik hem instinctief alleen maar weg kon duwen? En dan was er ook nog de gedachte dat mijn ouders me in de steek lieten, 'zich erbij neerlegden dat ze me nooit meer zouden zien'. Eigenlijk boette ik voor een 'fout van mijn vader'; mijn familie zou hebben ingestemd met deze deal, in plaats van drie miljoen te betalen. Die ontzaglijke hersenspoeling duurde toen al meer dan een maand. En heeft tot het einde gewerkt.

Ik keek steeds aandachtiger om me heen, om beter te kunnen inschatten waar ik me nu precies bevond.

In de lijdenskamer probeerde ik een blik door het gordijn te werpen. Ik zag de spoorweg, en het weinige dat ik verder nog van de omgeving opving was treurig.

Soms liet hij de sleutels in de voordeur zitten, die dan een enorme aantrekkingskracht op me uitoefenden. Het verlangen de deur te openen, om te zien, te weten... Het is vreselijk om ergens te zijn opgesloten zonder je te kunnen oriënteren. Waar stonden de huizen van de bende? En dat van de chef? Achter ons? Overal om ons heen? Waar gingen die treinen naartoe? Waar kwamen ze vandaan?

Hij wilde ongetwijfeld indruk op me maken toen hij me ook nog zijn pistool liet zien, of me er nog verder van overtuigen dat hij heel goed in staat was me te beschermen. Op een dag haalde hij het uit een wasmand die op drie meter hoogte was weggestopt op de keukenkasten in het eerste vertrek, tegenover de voordeur. Hij hoefde niet bang te zijn dat ik het te pakken zou krijgen, dat zou me nooit zijn gelukt. Maar omdat mijn vader rijkswachter was geweest had ik wel een vage notie van dat soort dingen.

'Waar is dat pistool voor?'

'Dat heb ik omdat hier soms rare lui aanbellen.'

Hij doelde op 'iemand van de bende' van wie ik nog nooit een glimp had opgevangen. Als ik op zo'n moment in de andere kamer was, deed hij zorgvuldig de tussendeur dicht, waarna hij pas de voordeur opende. En omdat het rolluik aan mijn kant naar beneden was, hoorde of zag ik niets. Ik ondernam er ook geen poging toe, aangezien het devies was dat ik me niet mocht verroeren en mijn mond moest houden. Iedereen die van buiten kwam – wat dus wilde zeggen uit dat hoofdkwartier waar ik me nooit een duidelijke voorstelling van kon maken – was levensgevaarlijk. Ik zei bij mezelf: maar goed, hij heeft een vuurwapen waarmee hij me kan beschermen. Het was het zoveelste aspect van het hele scenario dat hij me op de mouw had gespeld.

In de kelder werd ik zo claustrofobisch als wat. Ik werd gek van dat vreselijke geel op de muren, het schuimrubber van het matras verging, ik had het altijd te koud of te warm daar in dat vochtige hok, en ik had kiespijn. Ik heb er maar één keer over geklaagd, want toen reageerde hij met: 'Als hij pijn doet zal ik hem wel even trekken.'

Wat mijn gebit betreft liep ik twee jaar achter. Sommige melktanden moesten nog uitvallen; een paar waren er getrokken, maar ik had er nog vier. Intussen kwamen er nieuwe tanden omhoog, die te weinig plek hadden. Daardoor had ik verschrikkelijke kiespijn, en omdat het brood beschimmeld was en het blikvoer om van te kotsen, hield ik het bij de Nic-Nacs, harde koekjes waar ik ook nog eens mijn tandvlees op stukbeet. Na veel gehuil had ik een tandenborstel gekregen, maar die kon ik alleen gebruiken als hij me naar boven bracht. Dus als hij weg was voor een 'opdracht' kon er niet worden gepoetst. En ook geen wasje voor mijn onderbroek, die ik alleen kon schoonmaken op de bovenverdieping, in de badkamer. Als ik mijn jerrycan gebruikte om hem in ieder geval een beetje schoon te spoelen, zou ik te weinig water overhouden om te drinken. Hetzelfde gold voor mijn gezicht: ik had niets, geen washandje, zeep of handdoek. Soms goot ik een beetje drinkwater in mijn kopje om mijn gezicht nat te deppen, waarna ik het afdroogde met het laken dat op dat armzalige matras lag, maar ik voelde me steeds viezer worden. En als hij me waste, in de badkamer op de eerste etage, boende hij zo hard dat mijn huid ervan kapotging en ik er knalrood weer uit kwam.

Ik kon alleen nog maar dromen van het bad bij ons thuis, de zeep die zo lekker rook, het badlaken dat zacht en schoon was... Soms vroeg ik me af wat mijn ouders zouden zeggen als ze me in deze toestand zagen, en als ze eens wisten hoe erg ik leed onder het hardhandige, weerzinwekkende geschrob waar ik totaal niet schoon van werd.

Als die gek de deur uitging was het ergste wel de aanwezigheid van de toiletemmer. Dat was afschuwelijk. Ik kon hem niet legen als hij me niet uit het hok liet. En als hij zes dagen weg was, had ik dat ding dus zes dagen naast me staan. Ik kon alleen in gedachten schreeuwen, terwijl ik zin had om op de muren te bonken. Juist in zijn afwezigheid moest het stil blijven. Voor het geval 'iemand van de bende', misschien wel de chef zelf, het huis in zou komen. 'Stel je voor dat hij je hoort!'

Ik had ook wel heel hard moeten gillen, wilde iemand iets horen. De deur boven aan de keldertrap was altijd dicht. Maar het devies dat ik me stil moest houden heeft helaas tot aan het einde gewerkt, zo bang was ik. Wat ook voor de meisjes die me zijn voorgegaan heeft gegolden, stel ik me zo voor.

Op een dag, ik weet niet meer wanneer, besloot ik het hele hok te doorzoeken, om de tijd te doden en even niet te hoeven denken aan het feit dat hij me die avond weer zou komen halen voor zijn 'gedoe'. Ik was het zat om zinnen over te pennen, ik had genoeg van dat stomme computerspel, van alles, en vooral van hem. Ik had zin om te klieren: aha, dus je wilt niet dat er in je spullen wordt gekeken? Nou, vergeet het maar!

Ik deed het wel voorzichtig, zodat hij het niet zou merken. Er stonden computeronderdelen. Veel dozen, die ik ongemoeid liet omdat ze achter in de bergplaats stonden opgestapeld, bijna tot aan het plafond. Als ik er een van pakte, zou de rest boven op me vallen. In dat gedeelte van het hok kon ik me nauwelijks bewegen, want ik werd gehinderd door de stang waaraan de rails van de tweehonderd kilo zware deur waren bevestigd. Maar iets verder naar voren stonden schoenendozen vol papieren. Ik ging ze niet systematisch doorzoeken, want ik was veel te bang dat hij opeens binnenkwam. Toen stuitte ik op een boekje waarvan ik niet dacht dat het verband kon houden met mijn ontvoering. Er stond een naam op, Michèle Martin. Zijn vrouw, de moeder van twee van zijn kinderen, maar vooral zijn handlangster... Maar op dat moment wist ik daar natuurlijk niets van.

Ook vond ik onscherpe foto's van naakte meisjes, schuin van onder naar boven gemaakt. Ik herkende mezelf direct. 'Dat ben ik!'

Ja, dat was ik, in zijn kamer. De angst viel van mijn gezicht te lezen, tranen hadden mijn ogen doen opzwellen, rode vlekken bedekten mijn lichaam. Het moet de eerste of tweede dag zijn geweest, ik weet het niet meer, maar ik was nog onder invloed van de medicijnen.

Ik kreeg zin om ze te verscheuren, maar ik bedacht dat ik hevige represailles kon verwachten als hij ze kwam halen en ze niet vond. Het enige wat ik kon doen was ze ergens anders verstoppen, in de hoop dat ze daar zouden blijven liggen tot ik een manier had verzonnen om ze alsnog te vernietigen, nadat ik aan deze hel had weten te ontsnappen. Het was treurig om mezelf zo te zien, bijna onherkenbaar.

In diezelfde schoenendoos zaten verder nog papieren, sleutels en sleutelhangers. Geen andere foto's. In mijn hok had ik niets aan die sleutels. Die van de voordeur kende ik, ik keek er vaak van een afstand naar.

Ik zei bij mezelf dat het alleen maar troep was waar ik mijn bestaan in dat rattenhol in geen enkel opzicht mee kon veraangenamen. Toen ik overeind kwam merkte ik een raar doosje op, dat verborgen zat in de rails waarover de deur van de bergplaats liep. De rails vormden een U, en het doosje zat in de bocht. Het lukte me om het ertussenuit te peuteren. Hoewel het onder het vuil zat zag ik dat het nieuw was, en tot de rand toe gevuld was met pistoolkogels. Zo te zien ontbrak er niet een. Ik bedacht dat ze vast waren bedoeld voor het vuurwapen dat hij me boven had laten zien. Ik stopte het doosje terug, ervan overtuigd dat hij het wapen niet kon gebruiken zolang de kogels daar bleven liggen. Dat was natuurlijk een stompzinnige gedachte; hij had er ongetwijfeld ergens in een van de kamers boven nog meer liggen.

Later hoorde ik dat men tijdens een huiszoeking nog een vuurwapen had gevonden, in het hok. Als ik het zelf had gevonden, en als het doosje met kogels daarbij hoorde, zou ik er dan moedig genoeg voor zijn geweest? Pang! En dan was het afgelopen?

Ik legde alles weer op zijn plek, voordat hij terug zou komen. En daar was hij, met zijn idiote stem en dat accent waar ik niet goed van werd: 'Ik ben het...' Het bekende ritueel, waarna het rek werd vrijgemaakt en de zware deur wegschoof om me naar boven te laten.

Daarboven in de lijdenskamer hoorde ik treinen passeren. Verschrikkelijk was dat. Als ik vroeger bij mijn oma logeerde hoorde ik ook het spoor. Daardoor had ik er, klein als ik was, moeite om in slaap te vallen, maar ik had het fijne zachte kussen van Bonne Maman.

Zodra ik dat op mijn hoofd legde had ik er geen last meer van. Hier was het erger; het leek wel alsof iedere trein over het dak reed, en het waren er veel. Ik telde ze niet. Ik kon ze door het raam niet zien, maar zo te horen kwamen er wel tien of vijftien per dag voorbij. Op een gegeven moment kon ik er niet meer tegen. Als ik in de bergplaats zat hoorde ik ze minder goed, omdat het beton het lawaai dempte. Maar daarboven... Het was verschrikkelijk. Misschien dat ik daarom zo'n hekel heb aan treinen, maar ze doen me niet aan die kamer denken. Of misschien toch wel, onbewust. Zelfs op een grote afstand hoor ik treinen nog passeren. Helaas zit ik er tegenwoordig noodgedwongen iedere dag in, voor mijn werk, 's ochtends en 's avonds, tussen Doornik en Brussel, en ik haat dat forensenbestaan. Ik hoop niet dat ik ooit bij een treinongeluk om het leven kom. Zo ja, dan zal ik krijsen tot de laatste snik, omdat zo'n trein me de kop heeft gekost!

Vanaf het begin was ik me van alles heel bewust. Ik had me op mijn schoolboeken gestort, ik schreef en tekende, maar ik was bang te snel te zijn uitgelezen. Ik luisterde ook naar muziek, maar dat deed me te veel aan mijn eerdere leven denken, zodat ik in huilen uitbarstte. Er waren momenten dat ik helemaal niets deed, afgezien van me suf piekeren over die eeuwige tegenstrijdigheid: hij hangt de reddende engel uit, maar intussen doet hij me pijn. Ik werd er volkomen radeloos van, moederziel alleen in die minuscule grafkelder. Het was je reinste verschrikking, ik kon niet eens in een spiegel kijken en tegen mezelf praten. Ik was altijd bang alle besef van tijd te verliezen. Als hij me naar boven haalde en ik aan het licht zag dat het overdag was, stelde ik bij mijn terugkomst in het hok meteen vast wanneer het donker zou worden. Als hij me niet kwam halen gaf ik dat bij voorbaat op mijn kalender aan; een kruisje betekende dat er weer een dag voorbij was. Ik verplaatste mijn emmer en ging met mijn bovenlijf op het matras liggen, omdat ik op het ellendige plankje tegen de muur niet kon schrijven. Ik ging anders liggen, draaide alle kanten uit, maar de muren gingen niet weg. Daarom klampte ik me maar aan de zogenaamde 'fijne dingen' vast. Als hij zijn 'gedoe' met mij had uitgehaald en me weer met rust liet, mocht ik twee uur tv-kijken. Daar was ik dan best blij mee, ook al lag die grote lafaard voor lijk naast me, en ook al had ik de programma's niet zelf uitgekozen en waren ze volslagen stompzinnig; het waren in ieder geval beelden die me in contact brachten met de buitenwereld. Soms gaf hij me ook een puddinkje of drie snoepjes. Ik kreeg zo weinig fatsoenlijks te eten dat ik – het is helemaal niet prettig het te moeten toegeven – zo'n bakje met smaak achter elkaar leegat, al had ik het met opgedrongen vunzigheid verdiend. Ik 'zapte' de vreselijke beelden van daarvoor haastig weg door mezelf aan te sporen: schiet op! Eet je toetje op, slik die snoepjes door, kijk tv!

Tot een dergelijke vorm van verzet was ik in staat, terwijl de kleinste verandering in mijn omgeving me van mijn stuk bracht. Als hij op een dag links aan tafel ging zitten in plaats van rechts, raakte ik abnormaal in de war. De dag waarop hij besloot dat we ons eten snel in het andere vertrek zouden opeten, werd ik onrustig. 'Hoezo? Wat is er?'

Hij snapte er natuurlijk geen bal van, hij had dat houvast niet nodig, de smeerlap, hij leidde een 'gewoon' leven. Hij kon naar buiten lopen en gaan rondrijden in dat doorgerotte busje van hem, de buitenlucht inademen, terwijl ik hoorndol zat te worden in dat gore hok.

In de bergplaats liepen overal kleine bruine beestjes die ook konden vliegen en die ik vol walging doodsloeg. Ik haat insecten, wat voor soort dan ook. Ik zat onder de rode plekken en was me constant aan het krabben. Was het iets psychisch, of hadden ze me gebeten? Ik weet het niet. In het begin zag ik er af en toe één of twee. Ik maakte ze dood met mijn schoen. Later wemelde het ervan.

Ik leefde al als een beest, en nu werd ik ook nog eens omringd door beesten. Hij kwam langs om het hok te bespuiten met insecticide, waarna ik er twee dagen lang niet kon slapen vanwege verstikkingsgevaar. Ik ben toen boven gebleven, in de kamer.

Op een dag verzocht ik hem met klem om een punaise of iets anders puntigs. Ik had gaatjes in mijn oren, maar omdat ik die achtentwintigste mei met school zou gaan zwemmen, had ik geen oorbellen ingedaan. Ik wilde niet dat de gaatjes dicht zouden groeien. Ditmaal weigerde hij. Maar toen ontdekte ik een paperclip, die ik uit elkaar heb getrokken, waarna ik hem dagelijks door de gaatjes haalde en vervolgens zorgvuldig op het plankje legde. Ik probeerde op een treurige manier alles te organiseren, net als thuis. Die vent woonde in een vuilnisbelt, zijn huis was smerig, hij behandelde me als een beest, stopte me in een hok dat nog smeriger was dan de rest; ik had kleine rituelen nodig om het vol te houden. Ik denk dat ik wanhopig probeerde een zekere logica in dit waanzinnige verhaal te ontdekken, en alles wat me daarbij kon helpen greep ik met beide handen aan.

Hij dronk koffie, wat ik niet mocht, maar ik heb net zolang gezeurd tot hij besloot me een klein koffiezetapparaat te geven. Ik had het koud, dus begon ik te zeuren om een kacheltje. Zodra het kon viel ik hem ermee lastig. En ik hield vol, zonder te weten waarom. Misschien dat ik al te dwars deed, naar zijn idee – ik geloof dat hij zelfs het woord 'strontvervelend' gebruikte – maar tegelijkertijd werd ik, wanhopig als ik was, voortdurend overvallen door huilbuien. Op een dag viel het me op dat hij het bijna leuk vond om me in tranen te zien, dus besloot ik nooit meer in zijn bijzijn te huilen. En uiteindelijk eiste ik zelf een puddinkje, snoep of fruit als hij het me niet spontaan gaf. Ik kon er niet tegen dat hij de ene dag besloot me extra eten te geven, en de dag erna niet.

Ik gaf zoveel mogelijk tegengas door steeds agressiever te reageren en te proberen niet aan de dood te denken die als een zwaard van Damocles boven mijn hoofd hing. Die me bleef achtervolgen, wat ik ook deed, in al die viezigheid.

Tweeënhalve maand lang heb ik in dezelfde onderbroek rondgelopen. Zodra het maar kon waste ik hem in de wastafel van de badkamer, terwijl ik maar al te goed wist dat hij pas na twee dagen weer droog was en ik geen andere had. Na de eerste week voelde ik me al vies; als ik mijn kleren terugeiste gaf hij nooit thuis.

Maar na drie weken, of een maand – ik had geen enkel tijdsbesef meer – vroeg ik of ik mijn kleding mocht wassen. Op dat moment reageerde hij: 'Goed dan, ik zal je wassen.'

Ik was een kwelling rijker geworden.

En in plaats van mijn eigen kleren voorzag hij me in zijn vrijgevigheid van een te kleine korte broek en een hemdje die allebei niet van mij waren. Ik vroeg me al van alles af, wat hem betrof, en daarna werd dat alleen maar erger. Hij haalde die kinderkleren uit een gigantische hangkast met vier deuren, boordevol dames- en kinderkleding. In die kamer lagen zelfs knuffels en beneden stond een wieg, terwijl hij had beweerd vrouw noch kinderen te hebben. En hij wilde mij wijsmaken dat ík zijn vrouw was?

Ik zei bij mezelf: speelt ú soms met die wieg? Zijn die knuffels van u? En die kleren, zijn die ook van u?

Ik sprak hem nog altijd met 'u' aan, niet alleen omwille van de afstandelijkheid, maar ook omdat ik hoopte dat als ik correct met hem omging, hij dat ook met mij zou doen... Het was een leugenaar. Hij kon me gestolen worden, net als die afschuwelijke schouw van hem waar hij zo trots op was. Maar hij geloofde me, de imbeciel. Hij meende intelligent te zijn, en hij beweerde alles te kunnen, terwijl het een sukkel en een goorlap was. Als hij daadwerkelijk kinderen had, dan benijdde ik ze niet.

Op een dag laat hij me weten dat hij een paar dagen weg moet voor een opdracht. Dag maaltijden in de benedenkamer, smerig gehakt, lijdenskamer. Een paar dagen rust in de tent. Hallo Nic-Nacs, toiletemmer en 'kotsconserven'. Op mijn kalender geef ik zijn vertrek aan met een 'weg'. Zodra hij weer terugkomt noteer ik een 'r', van 'retour'. Ik geloof dat hij vijf dagen is weggebleven.

Plotseling werd het letterlijk inktzwart om me heen! Geen licht of ventilator meer, en ook geen verwarming. Daar zat ik, in het aardedonker, in dat graf. De paniek greep me bij de keel. Ik heb alles in die puinzooi overhoopgehaald, ik probeerde lampen in en uit te draaien omdat de schakelaar het niet deed. Ik hoorde geen ventilator meer zoemen. Het was duidelijk een stroomstoring, en zonder lucht zou ik stikken, alleen al bij de gedachte eraan kreeg ik het benauwd. Hij had me gewaarschuwd dat ik in de bergplaats geen geluid mocht maken, want iedereen kon het huis binnenlopen. Maar op dat moment kon me dat geen moer schelen. Ik begon om hem te gillen, terwijl ik wist dat hij er waarschijnlijk niet zou zijn. 'Ik zit hier in het donker, ik voel me niet goed, ik zie niets, ik stoot me overal aan, ik krijg geen lucht!'

Geen antwoord. Ik gilde nog harder. 'Er is geen stroom meer! Er is geen stroom meer! Kom hier!'

Toen ik merkte dat er niemand kwam, kalmeerde ik. Gelukkig was er al snel weer stroom, want als ik een paar uur in het donker had moeten zitten, zonder lucht, zou ik gek zijn geworden.

Maar ik had de smaak te pakken, was dat rattenhol spuugzat. Ik zei bij mezelf: ik smeer 'm!

Ik ontdekte hoe het moest, maar was niet potig genoeg. Ik ging met mijn rug tegen de deur van tweehonderd kilo beton zitten, zette mijn voeten tegen de stapel dozen en alle andere troep die er lag, en begon te duwen, in de hoop het railsysteem boven mijn hoofd in werking te zetten. Ik duwde uit alle macht, wierp al mijn drieëndertig kilo's in de strijd, volledig dubbelgebogen. Het lukte me hem een paar centimeter open te krijgen, maar toen was ik uitgeput en moest ik even stoppen om uit te hijgen. Ik had te weinig steun, de dozen bewogen mee als ik me schrap zette, ik had iets nodig wat niet meegaf.

Voor mijn tweede poging dronk ik wat water. Vanuit dezelfde houding begon ik weer te duwen, in de hoop die tweehonderd kilo beton verder weg te duwen. En toen molde ik het ding. Er hingen twee rails met lagers waarlangs de deur schoof, en een ijzeren stang die als tegenwicht diende en onder in de deur stak. Die was losgeschoten. En ik wist hem niet terug te duwen, daar was ik niet sterk genoeg voor.

De deur van de bergplaats bleef op die manier openstaan. Ik had maar vijf minuten hoop gekoesterd. Het was absoluut onmogelijk hem weer dicht of verder open te doen. En ook was het onmogelijk eronderdoor te kruipen, aangezien de kier maar een paar centimeter was...

Buiten had je grip, hij pakte het ijzeren rek vast om de deur in beweging te zetten, maar vanbinnen was er alleen beton. Ik kon hem niet meer terugdraaien, en zelfs niet doen alsof ik er niet aan had gezeten! Dus trok ik me maar weer in mijn 'privé-vertrek' terug, tussen de gele muren, op het matras, waar ik heb geprobeerd te lezen, mijn boeken weer ter hand te nemen, het 'kleine meisje dat niets verkeerd heeft gedaan' uit te hangen. Ik kon geen enkele reden verzinnen waarmee ik mijn onderneming kon goedpraten. Maar ik probeerde me te verschansen, in afwachting van een straf die naar mijn inschatting wel gewelddadig móést zijn. Ik dacht: hij gaat me lynchen.

Plotseling hoorde ik een geluid op de trap. Ik dacht: daar zul je het hebben, hij gaat m'n kop inslaan. Ik verstopte me onder de deken, wat ik in zo'n geval altijd moest doen, in afwachting van zijn: 'Ik ben het.' Normaal gesproken werd hij geacht de deur te openen, en normaal gesproken kon ik dan vanonder mijn deken te voorschijn komen, opgelucht dat het mijn 'redder in de nood' was. Hij heeft gebrúld. Hij heeft me uitgescholden voor alles wat lelijk is!

'Je bent werkelijk niet goed bij je hoofd! En wat als de chef was gekomen, en hij had gezien dat de deur openstond! Je weet wat hij je zou hebben geflikt! Als je het huis uit was gelopen zou hij je vermoord hebben! Hij vermoordt mensen bij bosjes! En daarvóór zou hij dingen met je hebben gedaan waar je je geen voorstelling van kunt maken!'

Ik verwachtte een pak slaag te krijgen, of op een andere manier te worden afgestraft. Maar dat deed hij niet. Hij stortte wel een vracht dreigementen over me uit, dat ik het niet zou overleven en allerlei sadistische martelingen zou moeten ondergaan, martelingen waar ik op mijn leeftijd inderdaad geen flauw benul van had. Maar dat het afschuwelijk zou zijn, werd me wel duidelijk.

Hij sloeg me niet, dat heeft hij nooit gedaan. Hij hoefde alleen zijn hand op te heffen alsof hij me een klap wilde geven; ik zag het geweld in zijn ogen en op zijn van woede vertrokken gezicht. Meer was niet nodig om me het zwijgen op te leggen. Hij beschikte over een machtsmiddel dat nog gemener was dan slaag: mij achtervolgen met de angst te worden vermoord.

Hij herstelde de schade aan de deur van de bergplaats, en ik heb het nooit weer geprobeerd. Die vent had een geweldige macht over de geest van een kind van mijn leeftijd. Daarna voelde ik me meer dan ooit in de steek gelaten en wanhopig. En ik zag de waanzin van mijn vluchtpoging in. Als het me was gelukt, ervan uitgaand dat ik ook de deur boven aan de trap open had gekregen, net als de voordeur, dan was ik midden in het hoofdkwartier terechtgekomen, in de handen van een beul die niet kon wachten me te misbruiken en dan te vermoorden, bijvoorbeeld door een kogel door mijn hoofd te jagen... Ik zag het allemaal voor me, hij had genoeg afschuwelijke beelden geschetst, genoeg om me te overtuigen van een gewisse dood. En dan waren er ook nog de wraakacties jegens mijn ouders die ik op mijn geweten zou hebben.

Schuldgevoelens zijn net zo'n effectief wapen als een dreigende revolver.

Als ik eraan denk dat dat monster uiteindelijk maar één ding wilde, namelijk zijn walgelijke lusten botvieren op kinderen die hij liet leven zolang hij er plezier aan beleefde en die geen kant op konden; dat hij al jaren vrouwen verkrachtte, dat hij daarvoor was veroordeeld en nu zijn toevlucht nam tot kinderen, na zichzelf te hebben voorgenomen zich nooit meer te laten oppakken! Ik heb de dood van dichtbij in de ogen gekeken. En dat is iets wat je nooit meer kwijtraakt.

Ik heb niet de neiging gevoeld zelfmoord te plegen. Daar kreeg ik sowieso de kans niet voor, maar het ligt ook niet in mijn karakter, geloof ik! Gelukkig voor mij was ik, zonder me er zelf van bewust te zijn, een 'sterk' meisje. Er gloorde altijd wel ergens een sprankje hoop, het viel niet te benoemen, het was niet iets wat tastbaar was of gebaseerd op logica. Het was echt een heel klein sprankje, maar het was er wel, daar in die trieste dagelijkse werkelijkheid. Continu zeurend om dingen waarmee ik het comfort van mijn cel kon vergroten, had ik hem op een dag laten weten dat ik thuis met een knuffel sliep. Hij gaf me een oud, verfomfaaid knuffelbeest dat ooit een beer of een hond moet hebben voorgesteld. Het was het evenbeeld van de heer des huizes: triest.

Ooit zou ik aan deze hel weten te ontsnappen. Dag en nacht klampte ik me aan dat gevoel vast. Want naarmate de tijd verstreek dreigde ik kapot te gaan.

Zondag 14 juli 1996

Lieve mama, papa, Bonne Maman, Nanny, Sophie, Sébastien, Sam, Tifi en de rest van de familie,

Ik heb aan de meneer die op me past gevraagd of ik jullie mocht schrijven, want jouw verjaardag mama, en die van jou ook Sophie, en die van jou ook Sam, komt snel dichterbij. Ik ben heel heel verdrietig dat ik jullie geen heel heel fijne verjaardag kan wensen en geen dikke kus kan geven of zelfs een cadeau!! Jou mama, had ik een mooi groot boeket willen geven met fresia's en rozen of bloemen uit de tuin. En jou Sophie, als ik genoeg geld zou hebben gehad, een Parker-pen en ook nog eentje voor mama die ze ook wel mooi vindt. En voor jou Sam een klein speeltje of een doosje hondenkoekjes natuurlijk! Maar daar heb ik geld voor nodig en nog wel heel wat meer...

BIJ JULLIE TE KUNNEN ZIJN is mijn grootste wens...

Maar dat gaat jammer genoeg niet. Als ik naar

huis kom, weet ik zeker dat we ALLEMAAL worden vermoord en dat wil ik niet!! Daarom schrijf ik jullie maar en blijf ik hier, liever dan thuis te zijn en dood. Ik hoop dat jullie mijn brief echt gelezen hebben en dat jullie er blij mee waren, want alles wat ik daarin schreef is allemaal waar! Ik ben dol op jullie en ik denk heel vaak aan jullie en vaak huil ik om jullie, maar HELAAS geloof ik dat jullie me nooit meer terugzien. Ik hoop dat jullie ook nog vaak aan mij denken.

Ik vraag me af of jullie als jullie iets eten wat ik lekker vond of als jullie een liedje horen waar ik raar op stond te doen of op stond te dansen, ik vraag me af of jullie dan aan mij moeten denken. Ik vraag me ook af of jullie als jullie muziek opzetten, net zo dansen, heen en weer wiegen of zingen als vroeger. Het enige wat ik hoop is dat jullie plezier hebben en dat jullie lekker eten krijgen (het zal in elk geval beter zijn dan hier!). En dat jullie aan mij denken zonder ziek te worden! Het eten hier is soms goed, maar vaak ook om te kotsen zo vies. Ik krijg geen druppel saus en soms of zelfs vaak zit er nauwelijks zout en peper in. Als ik al saus krijg, dan wel heel heel af en toe. Of dan is het vaak gehakt met tomatensaus maar daar krijg ik dan buikpijn van. Ik heb jullie al een brief gestuurd, dat wil zeggen via de tussenpersoon van de vriend van degene die op me past, en daar heb ik bericht op terug gekregen, hij vertelde me, mama en de rest, dat die vriend je had opgezocht in het ziekenhuis om alleen met je te kunnen zijn en dat hij je dus de brief had gegeven die jij meteen had gelezen en dat jij had gezegd dat ik niet ziek moest worden door te vaak naar de cijfertjes van de wekker of mijn horloge te kijken. Dat ik goed moest eten, me goed moest wassen en dat jij ook tegen de vriend van degene die op me past had gezegd dat ik me nooit goed waste. En ook dat het met jullie allemaal goed gaat en dat jullie een besluit hadden genomen, namelijk dat jullie me nooit meer zouden zien en ook dat ik de 'seks' 'lekker' moest vinden, de dingen dus waar ik jullie van vertelde in de brief. En dat ik aardig moest zijn tegen de meneer die op me past omdat jullie wisten dat als ik hem kwaad maakte hij me aan iemand van de bende kon geven of aan iemand anders die hij kent en dat die iemand aan wie hij me zou geven me zou martelen, en me zeker ook zou vermoorden, maar me eerst pijn zou doen. Hij heeft me ook verteld dat het goed gaat met Sam en dat jullie mijn tuintje goed verzorgen en Tifi ook!

Hebben jullie trouwens alle radijsjes opgegeten? Willen jullie rode en witte terugzetten? Er zitten er nog in het zakje dat in mijn schoenendoos van Dockers zit in de grijze kast en er zijn, geloof ik, ook nog wat gemengde bloemzaadjes. En als jullie het niet hebben kunnen vinden, het doosje met kauwgoms ligt onder de grijze kast in de kelder. Jij had me zelf gezegd dat ik ze moest verstoppen, mama. Ik heb je verteld waar ik ze verstopt heb, maar ik weet niet of je je dat nog herinnert. Als jullie warm eten of een toetje of koekjes of snoepjes of iets anders wat ik lekker vond, denk dan tijdens het eten aan mij want als ik iets lekkers krijg dan is dat alleen maar omdat ik heb gedaan wat hij wilde, als jullie snappen wat ik bedoel. Als we in bad gaan is het water goor als we eruit komen, je zou zijn handen eens moeten zien; zo zwart als wat. Goed, hij werkt dan misschien, maar toch. En dan ben ik degene die het bad moet schoonmaken! Maar weten jullie, als we klaar zijn laat hij het water in het bad zitten om er daarna de wc mee door te kunnen spoelen, volgens hem is dat om water te besparen! Soms moet ik de wc boenen, gatver (want beneden heb ik een plasemmer die ik als ik naar boven ga leeggooi in de wc en daarna natuurlijk afspoel), de wasbak, de vloer en meer niet voorlopig. Ik vraag me af wat voor weer het buiten is want ik kan maar door één raam iets zien en dan alleen maar als ik bij hem ben en bovendien is het een dakraam; alle andere ramen hebben luiken of doeken ervoor. Ik kan jammer genoeg niet naar buiten om te rennen, lol te trappen, te spelen...

Zetten jullie het zwembad op als het mooi weer is? Ik zou er zo graag in willen zitten met jullie en al mijn vriendinnetjes. Er is nog een probleempje namelijk dat de vriend van degene die op me past de brieven die ik schrijf niet meer persoonlijk aan mama wil geven. Volgens hem is dat te gevaarlijk. Dus krijgen jullie in plaats daarvan mijn brieven over de post en degene die op me past belt daarna, maar ik weet niet wanneer en waar. Misschien dat hij het telefoonnummer van Bonne Maman vraagt of iemand anders, ik zou het echt niet weten. Maar er is een ander groot probleem...

In dit gedeelte van mijn brief beschrijf ik mishandelingen die ik hier liever niet noem.

... Maar dat is nog niet alles! Omdat ik helemaal bloot moet slapen heeft hij gezien dat ik wratten heb! En natuurlijk heeft hij besloten dat hij ze moet behandelen. Hij zei dat hij ze weg zou halen met zoutzuur. Natuurlijk heb ik tegen hem gezegd dat ze al een paar keer eerder zijn behandeld. En op een dag kwam hij terug met flessen zoutzuur. En daarna pakte hij een lucifer waar hij een punt aan sneed. Vervolgens begon het. Toen hij zat te kijken hoe groot ze waren leek hij te willen zeggen dat ik nog nooit behandeld was. Toen moest ik hem nog een keer duidelijk maken dat papa ze al een tijdje op die manier te lijf ging. En omdat hij het twee weken niet meer gedaan had (de man) heeft hij het vanochtend weer gedaan. Normaal gesproken als ik voel dat het brandt of bijt moet ik het zeggen en dan houdt hij op, maar soms gaat hij toch door! Gisteren (zaterdag) ben ik in bad geweest, ik bedoel zijn we in bad geweest! En toen krabde hij aan mijn huid met zijn hand en ontstonden er allemaal kleine blaasjes en was ik helemaal rood! 'Ik' ga elke week in bad (1×) en als mijn haar vies is was ik het! Maar het wordt sneller vet omdat zijn shampoo niet voor vet haar is! De badkamer is smerig, vooral de vloer en bovendien ligt er geen mat. En je sluit hem niet eens af met een deur maar met een gordijn! En dat is dan ook nog gescheurd, en er is geen centrale verwarming in dit 'huis'. Ik vind het echt heel erg dat ik jullie niet meer zie, weten jullie dat? Ik vind het heel erg dat ik niet meer thuis ben bij jullie. Ik verlang ook erg naar de badkamer, zo warm, schoon en mooi. Ik verlang ook erg naar 'mijn' lekkere warme kamer, lekker knus met een dekbed, een fijn kussen, nog meer fijne kussentjes en knuffels en spulletjes die erin staan. Ik verlang ook erg naar lekker eten, zoals biefstuk met patat, sla, kip met curry, rijst, kip met rijst, botersaus... enzovoort.

Ik zou het ook fijn vinden als jullie een beetje naar de hut keken. Trouwens hebben jullie de spiegel die daar stond al weggehaald?

Ik heb jullie over dat probleem met de wratten en de ontsteking verteld... omdat als hij aan de telefoon een beetje vraagt naar hoe jullie dat deden en jullie zeggen dan niks, dan wordt hij achterdochtig en zal hij gemeen tegen me doen. De laatste dagen valt hij me bijna de hele tijd lastig, maar ik moet wel doen wat hij vraagt. Soms mag ik tv-kijken maar...

Hier heb ik een aantal details weggelaten.

... dan is dat niet leuk. En bovendien als ik kan kijken is het rond twaalf uur 's nachts en dan is er bijna niets meer. Maar een keer heb ik het einde van *ER* kunnen zien, dat was de aflevering waarin dokter Ross een kind in een helikopter redt. Ik zou ook graag *Dr. Quinn* of *Melrose Place* nog eens willen zien.

De laatste tijd was ik een beetje ziek: ik heb een ijzeren stang tegen mijn hoofd gekregen, mijn neus zit dicht en ik heb erge pijn in mijn nek en ook aan mijn oren! Hij heeft me siroop gegeven en neusdruppels. Die druppels heten Nebacetine. Ik weet niet eens of de medicijnen die hij me geeft nog goed zijn of dat ze goed zijn voor de plek waar het zeer doet. Ik drink alleen maar melk en water uit de kraan, soms heb ik boven cola of koffie verdiend en soms een snoepje. Bijna alle dingen die hij me geeft zijn over de datum. Maar hij zegt dat de datum die op de verpakking staat de verkoopdatum is! Hij moest vijf dagen weg voor een opdracht en toen gaf hij me chocola uit 1993! Hij smaakte een beetje muf maar ik heb hem toch maar opgegeten! En verder is alles wat hij me geeft merkloos of zo, ik zeg niet dat wij de hele tijd merkproducten hadden, maar toch. Zelfs het maandverband dat hij me heeft gegeven (voor het geval dat) is zonder merk. Ondertussen drinkt hij echte Coca-Cola, Nutella, enzovoort.

Mijn kleren ruiken zo vies dat hij ze heeft meegenomen om te wassen. En in plaats daarvan heeft hij me een kort en nauw shirtje gegeven, en een bikinibroekje.

Mama als jij hem aan de telefoon hebt moet je

zeggen hoe hij het beste de rode trui van Bonne Maman kan wassen (als hij hem niet al gewassen heeft) om te voorkomen dat hij hem verpest (ik geloof dat hij geen wasmachine heeft en ook geen droger). Mama, geef je telkens als je langsgaat bij Bobonne haar een dikke kus van mij (doe er maar een paar) en als je gaat slapen geef Sam een kusje op zijn oor en overal. En jullie allemaal, doe maar alsof ik jullie een kus geef, 's ochtends of 's avonds of op een ander moment. Ik geef jullie veel kusjes, wens jullie veel geluk, veel cadeautjes en al het allerfijnste wat er is, en ook een heel fijne verjaardag (mama en Sophie).

Weten jullie, soms kijk ik naar de cijfers van de wekker en dan zeg ik tegen jullie wat ik aan het doen ben of wat ik zou moeten doen, ik zeg jullie ook dat ik jullie heel veel succes wens ook al hoeven jullie niet te werken en ook dat ik jullie veel kusjes geef, eindeloos veel en dat ik heel veel van jullie hou en ik wens jullie het allerfijnste wat er is, en mijn allerliefste wens is om jullie héél héél héél snel weer te zien en jullie in mijn armen te sluiten.

Ik heb gehoord dat je mijn spullen in kisten hebt gestopt. Klopt dat eigenlijk wel wat je in het ziekenhuis hebt gezegd? Je moet maar zoveel mogelijk vertellen aan de telefoon zodat ik een beetje op de hoogte blijf, want ik mag geen foto's of brieven ontvangen. Heb je trouwens het album met foto's van Sam gevonden? Ik had het gemaakt voor moederdag maar heb het zo goed verstopt dat ik er niet meer aan gedacht heb, sorry. Ik hoop dat je het mooi vindt.

Ik hoop heel snel iets van jullie te horen!

PS: Hoe maakte jij die karbonades thuis altijd? (Dat moet je die meneer vertellen.)

PS: Je moet aan de telefoon vertellen wat papa voor vaderdag heeft gehad en ook wat jullie voor je verjaardag hebben gehad en Sam ook!

PS: Ik hoop dat jullie de tekeningen mooi vinden. Let niet op mijn handschrift en de spelfouten.

NB: Weten jullie, als ik geen boeken meer heb of als ik dat Sega-spelletje helemaal zat ben doe ik een beetje huiswerk, en ik ben jullie ook vergeten te vertellen dat er in augustus misschien een meisje bij me komt. En dat hij misschien een grotere schuilplaats gaat zoeken met bad, wasbak, enzovoort.

En dat ik voorlopig in deze schuilplaats hier wel Nic-Nacs heb, margarine (geen boter), knoflookkwark (niet zo lekker als Garli) en conservenblikken (niet allemaal lekker).

En ook ben ik vergeten te vertellen dat toen hij me verzorgde hij opeens 'ik ben dokter' tegen me zei: 'Ik heb er meer verstand van dan je mama' (hij weet dat je verpleegster bent), 'ik weet bijna alles en ik kan alles'. (En hij is ook nog eens bijna niet naar school geweest.) Maar wat doet hij als ik iets aan mijn tanden krijg of als ik iets aan mijn ogen krijg of aan mijn buik of ergens anders?

Ik hou dolveel van jullie allemaal.

Veel kusjes voor ALTIJD.

En ik heb ook van de man die op me past gehoord dat hij van iemand te weten was gekomen dat papa problemen had gehad met de chef toen hij bij de politie zat of anders dat papa hem geld te leen had gevraagd en dat hij dat misschien wel niet heeft teruggegeven, daarom heeft de chef mij uitgekozen, om jullie terug te pakken (of misschien is het wel ergens anders om)!

Ik zou graag willen dat jullie geld gaven om me 'terug te krijgen', dat zouden jullie aan iemand moeten vragen, maar er zou te veel geld moeten komen omdat er nog meer moet worden gegeven omdat hij denkt dat ik dood ben, en dus zal hij zeker meer willen hebben!!!

Hoe hebben ze trouwens in de familie en op school gereageerd toen ze het hoorden?

Zeg tegen de meneer wanneer jullie werken, en welke dienst!

Trouwens het wc-papier is net als in het ziekenhuis, ruw en dun. Dus telkens als ik naar de wc ga schiet ik er met mijn vingers doorheen en dat is niet fijn!

En ook als de chef of de anderen een paar dagen blijven kan hij me niet ophalen dus krijg ik soms een paar dagen geen fatsoenlijke maaltijd!!

Ik hoop dat ik jullie vaker kan schrijven, als ik jullie ooit een tijdje niet kan schrijven wens ik jullie alvast al het allerfijnste toe (verjaardag... enz.).

En ik hoop dat jullie aan me denken!

Ik hou dolveel van jullie.

Sabine

Ik hoop dat jullie een heel heel fijne vakantie hebben, zeg tegen de meneer of jullie moeten werken of dat jullie vrij zijn en tot wanneer!

Ik deed altijd een paar dagen over het schrijven van een brief, ik nam extra veel tijd om zoveel mogelijk te vertellen. Hij was gedateerd op 14 juli, ik schreef 'brief' achter die datum op mijn kalender. Ik schreef 'weg' van dinsdag 16 juli tot dinsdag 23 juli, wat wil zeggen dat het monster weg was voor een opdracht en dat ik alleen was, in de bergplaats.

In al mijn brieven is het thema schuld aanwezig. Niet vanwege het feit dat ze het losgeld niet wilden betalen, maar vanwege al het andere. Ik had geschreven: 'Als ik terugkom zal ik minder egoïstisch zijn', en eigenlijk geloof ik niet dat ik in werkelijkheid zo egoïstisch was. Tegenwoordig ben ik dat wel, omdat het moet, omdat ik het nodig heb, maar ik denk dat ik me te veel zorgen maakte om hen. Ik zat daar opgesloten en zei bij mezelf: misschien was ik wel te dit, te dat, te... dus dan zal ik maar minder zus, minder zo, minder...

Ik had het gevoel te worden gestraft voor alles wat mijn ouders me verweten: dat ik niet hard genoeg studeerde, te weinig aan het huishouden deed... Daarom schreef ik: 'Ik zal beter luisteren, ik zal aardiger zijn...' En een brief later draaide ik de zaak om en werd het: 'Als ik niet zo aardig was, waarom zou ik dan dit of dat voor jullie doen?' Ik probeerde dat schuldgevoel iets van me af te schuiven. Zonder het te beseffen sprak ik mezelf tegen, maar in mijn hoofd bleef dat idee maar hameren: word ik gestraft? Maar waarvoor dan eigenlijk?

Ik was geen zachtgekookt eitje, maar wel degelijk aardig. Omdat ik veel vrienden had, was ik niet vaak thuis. Maar op je twaalfde hang je niet de huishoudster uit, zeker niet als je ook nog twee oudere zussen hebt. Ik had nog de behoefte om te spelen, en zat er niet om te springen om te stofzuigen, te poetsen en de vaat te doen. Ik kon gemeen zijn, maar mijn zussen waren van tijd tot tijd ook behoorlijke pestkoppen.

Dus vroeg ik me af of het normaal was om daarvoor te worden gestraft. En op die manier.

Ik schreef, tekende, keek naar de wekker, pakte een brief weer op die nog niet af was, verzamelde de balletjes uit ballpointpunten om ze naar mijn zus te sturen.

Ik was begonnen gedichten te schrijven voor Bonne Maman en de rest van de familie, kruiswoordpuzzels te kopiëren, een lijst op te stellen van alle mogelijke taalfouten die ik had kunnen vinden, en zelfs een aanbevelingsbrief om goed te eten en goed te groeien! Ik probeerde altijd zo netjes mogelijk te schrijven, alsof ik er een cijfer voor zou krijgen! Maar het kwam ook voor dat ik haastig losse blaadjes aan mijn brieven toevoegde, en toen ik ze later terugzag, vond ik dat mijn handschrift zichtbaar was veranderd. Onrustiger, minder kinderlijk.

> ... Omdat ik natuurlijk nooit terug zal komen of er moet een wonder gebeuren, mag papa mijn wekkerradio hebben en jullie mogen ook dingen hebben...
>
> Ook al kom ik nooit terug gooi aub geen spullen

van me weg (bewaar ze aub)... Denk aan mij... als jullie snoep eten.

Die dinsdag de drieëntwintigste heb ik mijn kalender voorzien van een rood kruis, wat 'heel heel slecht' betekende. Hij was teruggekeerd van zijn opdracht, kwam me uit mijn hol halen, en toen ik lang daarna de beschutting van die ongezonde tombe weer kon opzoeken, ben ik, volkomen uitgeput, opnieuw aan het schrijven geslagen. Maar die brief, die vooral aan mama was gericht, kan hier absoluut niet integraal worden afgedrukt. Nadat hij door het onderzoeksteam onder de deurmat van die trieste klootzak is gevonden, heeft mijn moeder hem trouwens niet gelezen. Ze wilde wel, maar ik heb me er altijd tegen verzet. Dat ik leed was genoeg, zij hoefde mijn leed niet ook nog eens op zich te nemen.

Ik heb die hallucinerende brief diep in de bergplaats geschreven, na beproevingen die in mijn herinnering opgesloten moeten blijven. Ze gaan niemand anders iets aan. Ik wist dat die trieste maniak niet het 'genoegen' heeft gesmaakt de brief te bestuderen, want toen hij werd gevonden zat hij nog in de envelop, die dichtzat met plakband. Ik neem aan dat de onderzoeksrechter hem heeft geopend.

Ik heb ermee ingestemd, en wilde ook dat mijn brieven tijdens het proces werden voorgelezen, tijdens een openbare hoorzitting, door iemand van het onderzoeksteam, zodat ik het zelf niet hoefde te doen. Mijn ouders waren niet bij de hoorzitting aanwezig. Dat wilde ik niet, en op advies van mijn advocaten hebben ze zich daarbij neergelegd.

Dat de leden van de rechtbankjury er voor het eerst volledig inzage in hebben gekregen, en dat ik hem in dit boek gedeeltelijk prijsgeef, doe ik omwille van de waarheid, opdat men goed beseft hoe ver de sadistische waanzin kan gaan van een machtswellusteling die een kind van twaalf jaar geestelijk manipuleert. De juryleden hebben er positief op gereageerd. Men vond het een verstandige beslissing. Ik heb een beeld van hem geschetst als een berekenende en scherpzinnige leugenaar en manipulator. Voor het overige was hij – het woord zal me worden vergeven – een gore, afstotelijke klootzak, in fysiek en geestelijk opzicht.

Het feit dat ik het heb overleefd en dat die idioot een paar brieven heeft bewaard, waaronder de brief aan mijn moeder die nu volgt, bewijst zijn stompzinnigheid. Die brieven zijn het onderzoeksteam en de juryleden van grote hulp geweest; ze hebben zich niet laten meeslepen door fabeltjes over een netwerk waarvan hij als 'arme tussenpersoon' het 'slachtoffer' zou zijn geworden, zoals hij het heeft willen doen voorkomen. Het is heel eenvoudig om een meisje van twaalf in het bestaan van een 'chef' en een 'bende' te doen geloven als ze in afgrijselijke omstandigheden in zijn kelder zit opgesloten. Volwassenen daarvan te overtuigen is te hoog gegrepen, zelfs voor een monsterlijk, zelfingenomen brein als het zijne. Vooral omdat ik van die 'bende' alleen hem heb gezien en zijn volgeling met de pet, die duidelijk net zo'n ellendeling was als hij. Maar hij weigert de waarheid te vertellen over de meeste misdaden waarvoor hij is veroordeeld, en wel levenslang met tbs. Het monster meende een spelletje te kunnen spelen met het leed van de families van de andere slachtoffers, kinderen en jonge vrouwen, en het was ook in naam van hen dat ik die brieven aan het dossier wilde toevoegen. Ik was zijn prooi in dat hok, zijn bezit, ik was er alleen voor het botvieren van zijn lusten, en ik ben er heilig van overtuigd dat ik hetzelfde lot zou hebben ondergaan als zijn ongelukkige eerdere slachtoffers, nadat ik door hem volledig kapot zou zijn gemaakt en als 'onbruikbaar' zou zijn bestempeld. Ik zou zijn vermoord. En hij zou het land zijn blijven teisteren, net als andere solitair opererende psychopaten – helaas met hun vrouw als medeplichtige – als hij niet tegen de lamp was gelopen.

Ik heb dus het eerste gedeelte van die lange brief samengevat, het gedeelte waarin ik mijn moeder in detail de kwellingen beschreef die ik sinds het proces opnieuw moet proberen te vergeten.

Dinsdag 23 juli. Vooraf fluisterde hij me toe: 'We gaan het doen, dan hebben we dat ook weer gehad.'

Vervolgens zei hij: 'Hou op met dat gejammer, zoveel pijn doet het niet! Alle meisjes doen dat! En de eerste keer doet het pijn.'

Ten slotte voegde hij eraan toe dat hij 'me een maand niet meer lastig zou vallen'. Maar dat deed hij wel, en op een even walgelijke manier, voor een meisje zo jong als ik toen was.

Verder rep ik met geen woord over de smerige gevolgen van die beproevingen voor mijn fysieke toestand. Die ben ik gelukkig te boven gekomen.

Mama,

Dat ik voor op de brief heb geschreven 'Briefje voor mama. Alleen lezen als zij het zegt' is omdat ik met je wil praten over vooral een paar GROTE PROBLEMEN!

[...]

... En toen heeft hij me teruggebracht naar mijn schuilplaats. En nu mama ben ik je aan het schrijven en ik hoop dat je door dit allemaal heel lang zult nadenken, want ik ga je iets vragen wat heel serieus en moeilijk is! Als je eens wist wat hij tegen me zegt en wat ik moet doen! Hij zegt dat ik met hem 'de liefde moet bedrijven' en dat het daarna niet meer pijn zal doen... [...], dat ik hem moet kussen je weet wel hoe, en telkens als hij komt, moet ik hem een zoen op zijn mond geven (gatver, gatver...).

Ik weet dat ik het al vaker heb gevraagd, maar jullie moeten me hier weg zien te krijgen! In het begin ging het nog wel, maar nu heeft hij alle grenzen overschreden, het spijt me. Op een dag kwam ik op een 'idee' als je het zo kunt noemen. Ik vroeg hem of als jullie het geld bij elkaar zouden krijgen (jammer genoeg weer dat geld) of ik dan misschien weer naar huis zou kunnen. En raad eens wat hij zei... JA.

Natuurlijk is er een moeilijkheid, omdat die ene 'klootzak' denkt dat ik dood ben moet hij meer geld krijgen (een miljoen). Dus als jullie drie miljoen bij elkaar hebben (zo snel mogelijk aub) en als ik nog altijd brieven stuur en hij nog altijd belt, als jullie die drie miljoen bij elkaar hebben, zeg hem dat dan en hij maakt een afspraak met jullie. Hij zei tegen mij dat hij met de 'chef' gaat praten (hij zal zijn best doen) zodra hij het geld heeft, en daarna zou ik terug kunnen naar huis. Denk niet dat ik jullie kwaad wil doen door dit te vragen maar ik vraag het om:

1) jullie weer te zien, als het kan ongedeerd en gezond!

2) geen verdriet meer te hoeven hebben en weer ECHT GELUKKIG te kunnen zijn!

3) voor ons allemaal een einde aan deze stomme toestand te maken en nog meer van elkaar te kunnen houden dan daarvoor.

Ik smeek jullie, dit is heel belangrijk voor mij en mijn toekomstige leven! Weet je mama, ik heb er heel lang over nagedacht en ik vind het vreselijk om jullie zoiets te moeten vragen maar denk erover na! Ik hoop dat jullie de jackpot winnen met de Lotto of waarom niet met Tele-Kwinto! Of misschien iets kunnen regelen met de familie (of andere mensen), door ze allemaal wat geld te laten geven! Weet je, ik heb daar allemaal lang over nagedacht en toen ik in bed lag aan een ketting (voordat ik werd gered*) dacht ik steeds dat ik jullie na een dag of zo weer zou zien! En ik heb ook nagedacht over vroeger, ik heb herinneringen

* Op dat moment riep hij zichzelf uit tot mijn 'redder'.

opgehaald, maar ook stommiteiten, alle keren dat ik onaardig tegen jullie heb gedaan of te weinig VAN JULLIE HIELD! En ik zei bij mezelf dat ik alleen nog leefde omdat de Heer me een tweede kans heeft gegeven om veel beter te worden in de dingen die ik zeg, doe, beleef, dus daarom heb ik me allerlei goeie dingen voorgenomen voor mijn NIEUWE LEVEN! In plaats van de hele tijd naar mijn vriendinnen te gaan of 's middags alleen thuis te blijven, zal ik vaker op bezoek gaan bij Bonne Maman, en ik zal meer tijd besteden aan de familie en ook aan mijn HUISWERK! Weet je, ik heb een paar keer naar mijn rapport gekeken en ik zei bij mezelf dat ik een grote stommerik was, 1) omdat ik niet genoeg mijn best heb gedaan, 2) omdat ik jullie niet blij heb gemaakt door thuis te komen met een mooi, 'helemaal blauw' rapport en 3) omdat ik niet genoeg naar jullie heb geluisterd (jammer genoeg) en omdat ik te vaak ben gaan spelen. En ik ben nu vastbesloten om te proberen net zo prachtig eindexamen te doen als Nanny en binnenkort vast ook Sophie. Ik wil je zelfs iets vragen mama: zou je me net als in de brugklas willen overhoren, als je thuis bent? Ik geloof dat je daardoor alles heel goed kunt onthouden en je niet meer hoeft te vergissen zoals met 'Ambiorix': wat hebben we daarmee gelachen! En ik beloof jullie een paar grote dingen (echt waar) namelijk dat ik minder egoïstisch zal zijn, door bijvoorbeeld mijn spullen uit te lenen, door attenter te zijn, aardiger, en nog veel meer andere dingen... Ik weet vast en zeker dat jullie zullen vinden dat ik veranderd ben, dat is normaal na alles wat ik heb meegemaakt, mijn gebroken hart zal heel snel weer helen met jullie hulp en liefde...

Ik smeek je, denk er hard over na maar... niet te lang, want soms kan ik het niet meer volhouden...

Ik hou van je, Sabine.

* Trouwens, mama, wie moet voor me zorgen als ik ziek ben, iets aan mijn ogen heb, mijn tanden en wratten of iets anders, jij bent het die voor me moet zorgen en me moet opvoeden. Ik beloof dat ik gehoorzaam zal zijn.

** Ik heb misschien niet genoeg laten merken dat ik van jullie hou maar ik hou echt verschrikkelijk veel van jullie allemaal! Ik beloof dat ik Sam heel vaak zal uitlaten!

De zevenenzeventigste dag

Tussen die brief en de laatste die is teruggevonden, gedateerd op 8 augustus, bereikte mijn lichamelijke gezondheid een dieptepunt. Ik kreeg een hevige bloeding en viel ten prooi aan gruwelijke pijnen. Ik had pijn in mijn zij, pijn in mijn rug, en als ik probeerde op mijn buik te gaan liggen, was het hetzelfde. Daar in die lijdenskamer, waar hij me nog steeds naartoe sleepte, wilde ik per se niet met mijn gezicht naar hem toe liggen, trok ik expres aan mijn ketting, gewoon, om hem te treiteren. En als ik een mes had gehad...

Bij wijze van verband had hij me rijkelijk voorzien van dikke oude Pampers waar ik niet veel aan had. Ik moest om het halfuur een schone omdoen. Ik huilde in mijn eentje in de bergplaats, daar op dat vervloekte matras, de deken die jeukte, tussen die verstikkende muren. Het moeilijkste was nog dat ik niemand had om mee te praten. Die brief aan mijn moeder, ik hoopte dat ze hem snel zou krijgen, dat ze eindelijk zou begrijpen dat ik niet meer kon. Dat gevoel van totale verlatenheid werkte zowel agressie als moedeloosheid in de hand. Ik voelde me nog geen monster, maar ik herkende mezelf niet meer. Het meisje op de foto op mijn schoolkaart leek absoluut niet op degene die ik was geworden. Ik walgde gewoon van mezelf.

Het geweld dat me werd aangedaan, mij, een nog niet eens puberend, maagdelijk kind, en de hardnekkigheid waarmee dat walgelijke monster weigerde me met rust te laten, terwijl hij dat in al zijn achterbaksheid wel had beloofd, ik kreeg er moordneigingen van. Soms zei ik: 'Zo is het genoeg!'

Of hij reageerde, of hij reageerde niet, en als hij wel reageerde klonk het: 'Welnee, dat is helemaal niet erg!'

'Welles, het is wél erg...'

Een dovemansgesprek dat maakte dat ik mijn toevlucht weer zocht in mijn innerlijke monoloog. Het maakt hem geen moer uit hoe ik eraan toe ben. Ik kan bloed verliezen tot ik crepeer, ik kan het uitschreeuwen van de pijn, hij zal door blijven gaan.

'Hou op met jammeren! Als de chef je hoort!'

Op een keer kwam ik op het idee om het te vragen: 'Als ik tot honderd tel, is het dan afgelopen?' Ik zette er de vaart in: één, twee, drie, vier... zo snel mogelijk... Honderd!

Net als met verstoppertje...

Uiteindelijk liet hij me dan een paar dagen met rust. Waarschijnlijk begon ik onbruikbaar voor hem te worden.

Ik was bang om dood te gaan. Ik probeerde me niet voor te stellen wanneer en hoe dat zou gebeuren, maar soms zei ik bij mezelf: als die vent me op een gegeven moment vermoordt, hoop ik dat hij met zijn pistool een kogel door m'n kop schiet, als het maar snel gaat.

Telkens als hij zo nadrukkelijk 'Als de chef hoort dat je nog leeft...' zei, zag ik in gedachten angstaanjagende beelden voorbijschieten. Gevoed door al die smerige dingen waar hij me over had verteld: 'met apparaten, of met een lasso, of met een riem'.

Kijkend in de spiegel van die weerzinwekkende badkamer herkende ik mezelf niet meer. Rood aangelopen ogen, vies, vlasachtig haar, en de sporen die de tranen door het stof op mijn gezicht trokken. Een van zijn leukigheden was dat hij mijn pony, die over mijn voorhoofd hing, had afgeknipt, en het resultaat was afschuwelijk. Toen ik daarna mijn hoofd tekende was het rond als de maan, ik zag eruit als een clown, met die te korte pony. Eén tekening beeldde het ideaal uit: 'Haren geknipt door papa of mama.' De andere toonde de ravage: 'Haren geknipt door hem...'

Ik had een lokje opgeraapt met het idee het mee te sturen met mijn eerstvolgende brief, zorgvuldig in een papiertje gevouwen. Die pony had hem al een hele tijd geïrriteerd, hij wilde hem afknippen, 'met woeste lokken'.

Op een apart blaadje had ik zelfs mijn moeder gevraagd of ze het hiermee eens was, en ook wat ze van de andere dingen vond. Het was een soort lijst met vragen waarachter ik de mogelijke antwoorden al had ingevuld – 'ja' of 'nee' – zodat ze die alleen maar hoefde te omcirkelen. Onbewust vertrouwde ik niet wat die klootzak zei als ik hem vroeg naar de reacties op mijn brieven.

Hij gaf me de door hemzelf ingevulde lijst terug.

Heeft ze het fotoalbum van mijn hond gevonden? Ja.

Poëziealbum? Ja.

Verjaardagscadeau? Ja.

Kisten? (Wat heeft ze erin gestopt?) Daar had hij geen antwoord op.

Knuffels of andere spullen? (Wat hebben ze ingepakt?) Geen antwoord.

Mag ik lachen...? Ja.

Tekeningen? (Wat vindt ze ervan?) Hier had hij zich aan een antwoord gewaagd, maar het was niet het handschrift van mijn moeder, het was duidelijk het zijne: 'Ze zijn sympatiek.' (Zonder 'h'... Verder commentaar op zijn zogenaamde algemene ontwikkeling is overbodig.)

Verder nog iets gezegd?

In hetzelfde handschrift had hij opgeschreven wat hij van plan was te doen: 'Ja, je moet je pony in lokken knippen.'

Ik wist zeker dat hij en niet mijn moeder de vragen had beantwoord, ik had zijn handschrift al eens eerder gezien. Ik vertrouwde hem al niet meer sinds hij had beweerd: 'Je moeder heeft gezegd dat je beter moest worden gewassen...'

Mama zou zoiets nooit hebben gezegd. Ze wist dat ik me perfect in m'n eentje kon wassen, en wat lichamelijke verzorging betreft hadden de ideeën van die klootzak niets te maken met normale hygiëne. Hetzelfde geldt voor het zwembad. Hij had me meegedeeld: 'Ze hebben er veel lol mee!' Het was een bad dat 's zomers bijna alleen voor mij werd opgezet. Waarom zouden ze het in de tuin hebben gezet als ik er niet was?

Ten slotte: wat mijn haar betreft, dat klopte ook niet. Om de eenvoudige reden dat het mijn moeder niets kon schelen of ik het afknipte of niet. Als ze de vraag zelf had beantwoord, dan zou ze 'doe wat je wilt' hebben geschreven of helemaal niets.

Het was vreemd, want terwijl ik de antwoorden die dit soort details betroffen niet vertrouwde, had ik nog steeds niet in de gaten dat ik figureerde in een door hem bekokstoofd scenario. Want hij was slim: voortaan kreeg hij dit soort antwoorden van mijn ouders via de telefoon te horen. Volgens hem was dat veiliger... Ik herinner me niet meer of hij dat verhaal opdiste als verklaring voor het feit dat ik zijn handschrift had herkend, en zelfs niet of ik er wel naar heb gevraagd. Ik was er te slecht aan toe.

'Je ouders zoeken niet meer naar je. Ze hebben niet betaald, dus ze denken natuurlijk dat je dood bent!'

'Dat kan niet.'

Dat die vent erin slaagde me zo vergaand te manipuleren, komt doordat ik van mijn kant ervan overtuigd was dat mijn ouders bang waren, dat de hele familie met de dood werd bedreigd. Dat ze niet naar me zochten, dat geloofde ik wel, maar dat ze dachten dat ik dood was, zo ver reikte mijn goedgelovigheid niet. Alleen al het feit dat hij me brieven naar hen had laten schrijven en dat ik zogenaamd antwoord van hen had gekregen; ze wisten dus waar ik zat! De klootzak dreef me met al zijn gemanipuleer tot wanhoop. Des te meer omdat het tussen mij en mijn familie, en met name mama, naar mijn inschatting niet allemaal koek en ei was.

Kinderen voelen zich heel snel schuldig, en wanneer

mijn moeder bij wijze van grapje zei: 'Die geboorte van jou was een vergissing!', dan dacht ik: nou, fijn dan, ik had dus beter niet geboren kunnen worden, ik zit iedereen in de weg.

Iets vergelijkbaars gebeurde wanneer ze blijk gaf van haar enthousiasme over een van mijn zussen, degene die alles altijd goed deed, terwijl ik een stom wicht was dat alleen maar onvoldoendes voor wiskunde haalde.

Als ik weigerde de vloer te vegen of de afwas te doen, dan was ik een klier!

Ik schreef haar: 'Ik zal dit vaker doen, ik zal dat beter doen, ik zal liever zijn, ik zal daar goed op letten...' En als dat monster me influisterde: 'Ze denken dat je dood bent', speelde door mijn meisjesgeest: daar zul je het hebben, ik word in de steek gelaten, opgeruimd staat netjes!

Het was de zoveelste kwelling.

Op andere momenten probeerde ik me te vermannen: nee, het is onmogelijk, ik kan het niet geloven. Een seconde later vervloog alle hoop, om een ogenblik later weer op te laaien. Het is wel mogelijk! Het bewijs is dat ik na al die dagen nog altijd hier zit... Nee, ik geloof er niets van. Hij zei dat hij had gebeld!

Tijdens die periode lukte het me niet meer om zoals in het begin de situatie meester te blijven. Ik begon echt in te storten. Ik zat er al twee maanden, hij hield me in een toestand van fysieke vernedering die zo heftig was dat het steeds moeilijker werd me te verzetten en hem te treiteren. Soms, als hij sliep, schoot het door mijn hoofd: als ik nou eens die blaffer te pakken kon krijgen die hij me heeft laten zien en ik hem aan de praat kreeg, dan kon ik hem lekker vermoorden. Maar al snel bedacht ik hoe onzinnig dat idee was; ik zat vastgeketend.

Wanneer we aan het eten waren en ik een vork in mijn hand had, zei ik vaak bij mezelf: die zal ik eens lekker in je smoel steken, klootzak! Die vork werd een obsessie voor me, maar ik zou niet hebben geweten waar ik hem precies moest raken.

In m'n eentje opgesloten met een klootzak die me de hele dag door de vreselijkste dingen aandeed: stilletjes aan raakte ik de kluts kwijt. Ik wist niet meer hoe ik mezelf bezig moest houden. Niets interesseerde me nog. Ik was het schrijven zat. Ik wist niet eens waarover ik nog kon schrijven. Die Sega-spelcomputer meende ik op een dag van razernij te hebben gemold, terwijl hij aan het einde nog steeds werkte, maar ik kon dat spel gewoon niet meer zien! Ik had alle boeken gelezen, en zelfs lezen stond me tegen, ik las zonder iets in me op te nemen. De laatste dagen was ik steeds vaker alleen; hij sloot me op in dat rattenhol en verdween voor een paar dagen. Ik had nergens meer houvast aan, ik praatte weer tegen mezelf, staarde naar de muren, het plafond, alsof het mogelijk was erdoorheen te breken.

Het eerste wat in me opkwam toen het echt niet meer ging, was: 'Laat me gaan, we zeggen niets tegen de chef. Ik ga ergens anders wonen, als het moet... Waarschuw mijn ouders dat ze een ander huis moeten zoeken, we verhuizen, of we breken ergens in om jullie te betalen.' Ik verzon de meest waanzinnige dingen. Ik wilde daar weg, ik was het zo zat. Eerst verafschuwde ik die kerel, maar nu haatte ik hem, omdat hij me alleen achterliet, opgesloten, omdat ik niet eens meer naar boven mocht om te eten en een beetje op adem te komen. Hoewel ik wist wat me dan een etage hoger te wachten stond. Er hing geen bijzonder frisse lucht in de kamer waar ik mijn eten kreeg, maar het was een andere omgeving. De gesprekken met hem waren niet van een hoog niveau. Het was vaak meer van hetzelfde.

'Dat spul is niet te vreten.'

'Hou op met klagen, je moet eten.'

'Ik wil mijn ouders zien!'

'Dat kan niet!'

'Ik wil niet naar boven! Dat vind ik niet fijn!'

'Pech gehad.'

Tweeënhalve maand lang geen normale dialoog: ik werd er hoorndol van. Zodat ik ten slotte met een waanzinnig idee op de proppen kwam: 'Ik wil een vriendinnetje.'

'Dat kan niet!'

Ik had de grens bereikt tussen overleven en te gronde gaan, daar in die hel. Schrijven ging niet meer, hij kon me niet laten gaan, dus had ik iemand nodig om me gezelschap te houden.

'Ik kan met niemand praten, ik ben het zat! Thuis had ik veel vriendinnetjes! Ik wil een vriendinnetje!'

'Dat gaat niet! Je hebt geen vriendinnetje nodig!' Daarbij kijkend alsof hij wilde zeggen: en zo ja? Moet ik soms een buurtgenootje van je gaan halen?

Ik was de kluts kwijt. En zijn reactie was logisch, in aanmerking genomen dat hij het natuurlijk niet in zijn hoofd haalde om de omgeving van het huis van mijn ouders op te zoeken, waar iedereen me zocht. Een dader keert nooit terug naar de plek van het misdrijf!

Want waar ik aan dacht was een van 'mijn' vriendinnetjes!

Ik was me van geen kwaad bewust. Voor mij als jong meisje was dit niet vreemder dan hem te vragen die deur voor me open te doen en me te laten gaan.

En zoals altijd bleef ik aandringen. Huilend zei ik: 'Ik ben het niet gewend om zo te worden opgesloten. 's Zomers ben ik altijd buiten, dan zit ik in m'n hut, of in het zwembad! Met mijn vriendinnetjes!'

Toen haalde hij het in zijn hoofd om me 'bruin te laten worden' door me naakt op twee stoelen te laten liggen onder het bolle venster dat in het dak zat. Om me het gevoel te geven dat ik in de zon lag! Ik zei tegen hem dat het geen nut had om daar naakt te gaan liggen, omdat je achter een raam niet bruin wordt. Maar hij trok zich er niets van aan, die perverse idioot! Ik heb het vijf of zes keer moeten ondergaan.

Het was gênant en belachelijk.

Maar het idee-fixe dat ik een van mijn vriendinnetjes bij me wilde hebben liet me niet meer los. Als ik er nu aan terugdenk, weet ik dat ik die laatste dagen van mijn gevangenschap echt totaal het spoor bijster was. Of ik was tijdelijk afgezakt tot het geestelijk niveau van een kind van vijf! Mijn redenering van toen kwam kort samengevat op het volgende neer: 'Ik verveel me, ik ben het zat, ik wil niet meer alleen zijn... Als u me niet wilt laten gaan, dan wil ik een vriendinnetje!'

Op zo'n manier dus, als een kind dat net zolang bij zijn ouders zeurt tot het krijgt wat het wil hebben.

Ik wist niet dat hij kinderen ontvoerde, het monster. Ik dacht dat ik de enige was, een speciaal geval dat 'gered' was, dat 'beschermd' werd tegen een verschrikkelijk lot. Dus kon hij best een vriendinnetje bij me op bezoek laten komen! Iemand die wat tijd met me doorbracht, met me speelde of zelfs bleef slapen. Ik had er geen seconde aan gedacht dat haar hetzelfde lot was beschoren. Voorzover ik wist was ik een gijzelaar, en mijn vader iemand die de 'chef' boos had gemaakt. Het vriendinnetje hoefde nergens voor 'gestraft' te worden. Maar ik kon het me niet echt voorstellen. Hij ging me natuurlijk weer vertellen dat het onmogelijk was.

Op donderdag 8 augustus heb ik mijn laatste brief vanuit de bergplaats geschreven. Ook al lieten ze me in de steek, ook al dachten ze dat ik dood was, het kon me niet schelen. Ik móést schrijven. Ik vond dat ze niet erg hun best voor me deden, en zelfs dat ze me domweg in mijn ellende lieten wegteren. In die brief laat ik dat niet rechtstreeks merken. Maar de verbittering is voelbaar.

> Lieve mama, papa, Bonne Maman, Nanny, Sophie, Sébastien, Sam, Tifi en de rest van de familie,
>
> Ik was heel blij iets van jullie te horen. Ik weet dat hij niet zo lang aan de telefoon kon blijven om te voorkomen dat hij 'problemen' kreeg. In deze brief heb ik jullie misschien iets minder te vertellen want ik heb jullie niet zo lang geleden nog geschreven. Ik was ook heel blij te horen dat

Sophies peetoom al langs was gekomen. Dat heeft ze vast heel leuk gevonden. Ik weet ook dat Nanny voor haar examen is geslaagd. Ik ben heel blij voor haar en feliciteer haar want ze verdient het, en ik weet zeker dat Sophie naar de zesde gaat, aangezien ze geen proefwerken hoefde te doen! Ik ben benieuwd wat Sophie voor cadeau heeft gehad van haar peetoom, en ook wat jij hebt gehad mama en Sam, en ik zou graag willen dat jij mama als je de tijd ervoor hebt tegen de meneer zegt wat jullie hebben gekregen. Ik weet ook dat jullie het zwembad hebben opgezet en dat jullie van het mooie weer genieten. Ik hoop dat de zon flink schijnt en dat jullie een fijne vakantie hebben. Je hebt ook gezegd mama dat het verstandig van hem was om mijn ontsteking te behandelen. Maar je weet niet dat hij me heel erg pijn heeft gedaan, dat ik door hem ben gaan bloeden! Natuurlijk is het 'aardig' van hem dat hij me jullie laat schrijven terwijl hij al zoveel risico voor mij heeft genomen. Maar weten jullie, het leven hier is helemaal niet fijn! Het huis is om kotsberoerd van te worden, om van de badkamer maar niet te spreken! (Geen mat te bekennen.) Weet je mama, ik weet wel dat je weer beter bent, maar ik werd heel erg bang toen je zei: 'Als ik ergens iets anders krijg, laat ik er niets meer aan doen.' Daar werd ik zo bang van, ik hou toch zoveel van je. Ik ben blij dat het goed gaat met Sam en Tifi, en ik hoop dat mijn radijsjes lekker smaken en dat al mijn bloemen goed groeien! Ik ben 'blij' dat Sophie Myosotis en Marsu* heeft gepakt. Ik heb haar ooit ook verteld dat zij ze mocht hebben als mij iets overkwam. Ik weet ook dat papa mijn wekkerradio nu heeft waar de batterijen van vervangen moeten worden, je moet hem openmaken bij het knopje waarmee je de wekker kunt verzetten, enz.

Ik ben ook heel blij dat jullie het me allemaal hebben vergeven en dat jullie me veel geluk wensen. Ik hoop dat het goed gaat met Bobonne en dat haar artrose niet terugkomt. Ik hoop ook dat Sophie blij was dat ik haar elke dag ben gaan opzoeken in het ziekenhuis toen ze werd geopereerd en dat ik niet te veel in de weg zat. Misschien had ze liever alleen willen zijn met haar vriendinnen en om iets beter te kunnen uitrusten. Weten jullie, soms maken we ruzie, hebben we 'de schijt' aan elkaar, maar diep in ons hart geven we toch veel om elkaar. Het bewijs is dat als ik niet zoveel om Sophie en Nanny had gegeven, ik niet zo benieuwd zou zijn geweest of Nanny voor haar examen was geslaagd, en dan zou ik niet elke dag aan het eind van de middag bij Sophie in het ziekenhuis langs zijn gegaan. En als ik niet om papa gaf, waarom zou ik dan boven zijn trui gaan halen of een pakje shag voor hem kopen bij José! En als ik niet om Bobonne gaf, waarom zou ik voor haar dan in de kelder een pak melk of iets anders gaan halen, en waarom zou ik haar helpen met het

* Mijn knuffels.

halen van het dienblad of met het ophangen van de was en de mand binnenhalen als het regent! En als ik niet om jou gaf mama, waarom zou ik dan olie en azijn of een fles limonade of iets anders voor je halen? Waarom zou ik anders voor jou naar Battard gaan, naar de bakker, of zakdoeken of iets anders strijken en de handdoeken of de wasmand of iets anders naar boven brengen? En waarom zou ik je dan tussen je tenen 'masseren' (je mesjes zoals we ze noemden) als je moe bent of wanneer we tegelijk naar bed gingen? Waarom zou ik dat allemaal voor jullie doen als ik niet om jullie gaf? Misschien dat jullie je erbij hebben neergelegd dat jullie me nooit meer zullen zien, maar ik dan, hebben jullie ook aan mij gedacht? Wat ik verder nog kan bedenken, ik weet dat ik niet altijd aardig tegen jullie heb gedaan, dat ik egoïstisch en gemeen ben geweest, maar wat dan nog, kunnen jullie me vertellen waarom ik hier zit? Tenslotte heb ik die 'chef' niks gedaan. En ik zie niet in waarom ik daarvoor zou moeten boeten. Ik vind het verschrikkelijk om zo tegen jullie te praten na alles wat jullie voor me hebben gedaan, maar jullie moeten echt zorgen dat ik hier wegkom. Ik ben echt heel verdrietig en ongelukkig en ik mis jullie ontzettend, echt waar hoor! Eén: ik 'wil' terug naar huis want ik wil jullie weer zien. Twee: ik wil terug naar huis omdat ik hier niet thuishoor, ik hoor bij jullie, bij mijn familie en vrienden, en ook omdat ik hier gewoon niet langer in dit krot kan blijven! En drie: hij doet me te veel pijn...

[...]

... Bovendien wil ik hier niet ouder worden want twaalf, dertien jaar, dat is de leeftijd waarop alles begint en ik wil hier niet ongesteld worden, want het maandverband dat hij me heeft gegeven valt binnen een paar minuten uit elkaar. In de brief hiervoor zei ik dat ik brood kreeg, maar het is geen lekker brood zoals dat van De Roo of Maes, het is brood dat met machines is gemaakt of zoiets. En er is geeneens boter, het is margarine! Ik zei ook dat hij weg zou gaan voor een opdracht, en nu is het weer zover! Hij is dinsdag 16 juli weggegaan en kwam dinsdag 23 juli weer terug. Wat een verrassing, maar niet heus! Daarna is hij op 1 augustus weer vertrokken tot 5 augustus en toen was hij weg van 5 tot 8 augustus. En 8 augustus is hij vertrokken tot? (Dat weet ik nog niet, het is vandaag 8 augustus.) Nou ja, het enige wat ik hoop is dat het met jullie allemaal goed gaat; dat jullie een fijne vakantie hebben, maar neem me niet kwalijk dat ik toch naar de wekker kijk en om jullie moet huilen.

Ik hou echt heel veel van jullie allemaal.

Sabine

PS: Ik heb er een paar losse velletjes bij gestopt met een kruiswoordpuzzel voor Sophie, balletjes van pennen (zie kleine zakje) en ook gedichten die ikzelf heb gemaakt en zonder hulp! Plus een paar tekeningen en ook de belangrijkste taalfouten die ik heb overgeschreven uit een woordenboek dat hij me heeft 'gegeven' (het is heel dun en stom, er staan bijna geen woorden in!). De haren die in dat blaadje zijn gestopt zijn niet door mezelf afgeknipt maar door hem, hij heeft me geknipt als een clown, nog erger dan als mama me knipte, kijk maar naar het tekeningetje hieronder en dan snappen jullie meteen hoe mijn hoofd eruitziet!

Veel kusjes, ik hou van jullie allemaal.

De tekening met die hokjes (van de kruiswoordpuzzel) is niet zo mooi als die van Sophie, maar ik heb er mijn uiterste best op gedaan.

'Hij' zal over een week of drie vast bellen!

NB: Hij zegt dat ik 'je' tegen hem mag zeggen, maar ik wil een beetje afstand bewaren!! Ik ben vergeten om jullie te vertellen dat toen hij wegging voor een opdracht ik een koffieapparaat van hem heb gekregen om water te kunnen verwarmen waarmee ik 'koffie' kan maken (het is oploskoffie, niet zo lekker als thuis, maar ja!).

Voor zijn vertrek had hij me toevertrouwd: 'Ik kom terug met een vriendinnetje voor je...'

Ik geloofde er niets van. Net zomin als wanneer hij zou hebben gezegd: 'Doe de deur open en ga naar huis.' Op dat moment had ik het gevoel dat het gedaan was met me, of dat ik nog voor minstens tien jaar in dat hol vastzat! Mijn ouders kon het nauwelijks een moer schelen wat ik in mijn eerdere brieven had geschreven, ik kon lijden tot ik een ons woog, er zou niets veranderen.

In de avond van 8 augustus kwam hij terug. Ik heb die dag het zoveelste pijnkruis op mijn kalender aangegeven. De negende heb ik hem niet gezien, er staat 'weg' bij. Op 10 augustus kwam hij me weer uit de bergplaats halen. Ik dacht dat het was om met hem te eten, maar terwijl we de trap op liepen deelde hij me mee: 'Je vriendinnetje is er, je zult haar zo dadelijk zien.'

De verbijstering! Ik was blij, want ik begon echt gek te worden, en het gezelschap van een ander dan hij was voor mij een soort hemels geschenk. Natuurlijk wilde ik haar meteen zien!

'Nee, nee, je gaat eerst "zonnen" en daarna krijg je haar te zien.'

Dat stompzinnige ritueel irriteerde me verschrikkelijk, en op dat moment nog erger dan anders.

Toen hij me eindelijk mee naar boven nam, griste ik snel mijn korte broekje weg, dat ik in de gauwigheid op de trap aantrok om niet volledig naakt voor het 'vriendinnetje' te verschijnen. Ik had mijn hemdje niet eens kunnen meenemen! Dat vond ik heel vervelend.

Ik wilde niet dat ze zich, zodra ze mij zag, afvroeg in wat voor gekkenhuis ze terecht was gekomen. Een huis waar meisjes helemaal naakt rondliepen?

En toen zag ik eindelijk een ander meisje dat aan het bed was vastgebonden, net als ik zichtbaar naakt, onder een laken. Het had iets van een déjà vu... Ze zag er niet uit alsof ze in topvorm was. Hij probeerde haar wakker te maken zodat ze mij zou zien: 'Ik wil je voorstellen aan je vriendinnetje!'

Ik was onthutst: 'Wie is dat? Hoe heet ze?'

Ik neem aan dat hij het helemaal niet wist... Hoe dan ook antwoordde hij niet. En ik twijfelde op een rare manier tussen blijdschap en schaamte. Ik stond daar en wist niet waar ze vandaan kwam, ik had me nog steeds niet gerealiseerd dat ik gekidnapt was, en niet 'gered'. Hij had dat meisje dus niet weggehaald bij haar familie! Ik stelde me zo voor dat hij bij een kennis was langsgegaan met de mededeling dat hij een vriendinnetje zocht voor een grietje dat het vervelend vond om alleen te zijn...

Waarop die voorstelling voor mijn neus tastbaar werd. Het bed, die ketting om haar hals... Alles kwam langzaam terug, alsof ik inzoomde op een vage herinnering. Daar lag echt iemand, een 'vriendinnetje', het was ontegenzeggelijk waar, en tegelijkertijd... Plotsklaps schoot het door mijn hoofd: maar waar heb ik nou om gevraagd! Wat heb ik gedaan?

Ik staarde naar haar en zag mezelf liggen. Dat laken, die ketting, dat naakte lichaam eronder... Dat was ik. En ik wilde wegrennen. In plaats daarvan zei ik: 'Hallo... Gaat het?'

Ik wist niet wat ik verder nog moest zeggen. Ze zag eruit alsof ze gedrogeerd was. Het was gênant, daar, met het monster ernaast, dat onbeweeglijk stond te luisteren.

Ze vroeg: 'Hoe heet jij?'

'Sabine.'

'Hoe lang ben je hier al?'

Ik sloeg mijn ogen neer. Ik was bang om het aantal dagen in zijn aanwezigheid te noemen; het kon gelijkstaan aan een doodvonnis. Het was iets waar ik vaak aan moest denken. Als hij op een gegeven moment concludeerde dat mijn verblijf lang genoeg had geduurd en dat ik hem in de weg zat, kon hij zich in een oogwenk van me ontdoen.

Dus toen fluisterde ik zo zacht mogelijk: 'Om precies te zijn zevenenzeventig dagen...'

Ze viel alweer in slaap. Ze lag daar al sinds een dag, maar dat wist ik niet.

Tachtig dagen

'Wil je dat ik haar wakker maak?'

'Nee.'

Hij had me weer naar het hok beneden gebracht en gezegd dat hij haar zou laten slapen.

Ik was bang. Ik had niet verwacht dat ik weer alleen in mijn hok zou worden opgesloten nu ik net voor het eerst een vriendinnetje had gezien, net als ik vastgebonden aan het bed van die klootzak. Waar kwam ze vandaan? Ik had niet gewild dat hij haar wakker maakte uit angst dat te horen te krijgen. Als hij haar net als mij had ontvoerd en haar ouders het losgeld betaalden, zou ze naar huis gaan en vertellen dat ze mij had gezien en dan zou hij me doden.

Op 11 augustus haalde hij me naar boven om te eten. We zaten met zijn drieën aan tafel. Ik hoopte dat ik met haar kon praten, maar ze was er nauwelijks beter aan toe dan de avond ervoor en hij zat er nog steeds bij om ons met zijn sadistische kop in de gaten te houden.

Ze weigert de kant-en-klaarmaaltijd op te eten die hij zoals gewoonlijk heeft opgewarmd in de magnetron. Ze eet alleen een boterham en staart vaag voor zich uit. Ik begrijp dat ze nog gedrogeerd is. Ik vind de situatie steeds vreemder worden. Toen ik haar de avond ervoor op het bed had zien liggen, had ik tegen mezelf gezegd: shit, precies hetzelfde en dat alleen voor mij! Ik had een vriendinnetje gevraagd en heeft hij haar nu al uitgekleed en vastgebonden? Wat zou hij allemaal al met haar hebben gedaan? En tegelijkertijd was ik blij, omdat ik die vent niet meer kon verdragen! Eindelijk had ik iemand met wie ik kon praten. Verstrikt als ik was in de psychologische manipulaties van mijn bewaker zette ik de vraag of het mijn schuld was dat ze daar zo lag, van me af. Ze was er en ik zat niet meer alleen in deze hel. Maar voordat ik rustig met haar kon praten, moest ik wachten tot ze zou bijkomen en die imbeciel haar naar het hok zou brengen. Voor mij was het een belangrijke gebeurtenis. Een stukje blauwe lucht in mijn wanhoop. De sombere toekomst die ik voor me zag met als enig gezelschap 'de ander', klaarde wat op. Voortaan zouden we met z'n tweeën zijn, hij had beloofd de schuilplaats groter te maken door de rotzooi weg te halen die aan de andere kant lag opgestapeld. Hij had me zelfs een wastafel beloofd!

Ondertussen liet hij me het huis schoonmaken. Uitgerust met een emmer, een vuile handdoek en afwasmiddel, moest ik de badkamer poetsen, het middenvertrek waar we aten en de kamer voor. Ik had al een keer eerder het huis schoongemaakt, ik weet niet meer wanneer. Er was een overstroming geweest en alles zat onder de modder. Hij had me toen voor 'prinsesje' uitgemaakt, omdat ik had geklaagd dat de dweil smerig was.

Die vent was minstens even smerig als de dweil. Sinds ik daar zat, had ik van hem nooit de kans gekregen mijn hok schoon te maken, dat zo naar schimmel en stof stonk dat mijn neus continu dichtzat. Maar het was me wel gelukt neusdruppels van hem te krijgen.

Ik ging weer terug naar dat rattenhol. Mijn 'vriendinnetje' hield hij bij zich. Hij wilde dat ze naakt door het huis liep, maar ze had haar kleren teruggeëist en uiteindelijk had hij daaraan toegegeven.

Op maandag 12 augustus heb ik op mijn kalender geschreven: 'Vriendinnetje.' Hij had haar naar de kelder gebracht.

De zware deur viel achter ons dicht en met een nog wazige blik keek ze de ruimte rond. Er werd van me verwacht dat ik vertelde hoe ons 'bestaan' eruitzag. Maar ik stelde haar eerst voor wat te eten. Weer weigerde ze dat.

'Ik ben bang dat hij me iets raars laat slikken.'

'Eet toch maar iets, ik weet zeker dat je nog niks hebt gegeten.'

'Jawel, boterhammen, maar geen warme maaltijden.'

Samen aten we wat Nic-Nacs en ik wilde haar waarschuwen voor de smerige dingen die hij met haar zou proberen uit te halen, waarschijnlijk als hij haar weer zou komen halen.

'Dat heeft hij al gedaan.'

Ze had ook net zo'n bad moeten nemen als ik. Het was moeilijk erover te praten, ik durfde niet te veel vragen te stellen. Maar ik geloof dat ik haar toch heb gevraagd hoe ze dat had 'doorstaan'.

'Ik was zo bang dat hij me klappen zou verkopen...'

'Ben je gek? Hij heeft mij nog nooit een tik gegeven! Als een idioot heb ik gebruld dat het niet normaal was, dat ik het niet wilde, dat ik pijn had!'

'Toen ik je voor het eerst zag, dacht ik dat hij je had geslagen.'

Mijn ogen waren altijd opgezet en rood doordat ik de hele dag huilde. De plekken op mijn lichaam trokken niet meer weg. Ik zag er dus inderdaad uit alsof ik was geslagen.

'En ben je al lang hier? En gaat het een beetje?'

'Tja, wat zal ik zeggen...'

Ik pakte mijn schoolagenda om haar te laten zien hoe ik me oriënteerde. De kalender was enorm belangrijk voor me, die verbond me met het onzichtbare leven dat buiten mij om zijn loop vervolgde. De dagen dat mijn moeder vrij had, de dag dat we bij Bonne Maman op bezoek waren geweest. De dagen dat hij weg was geweest stonden er helaas ook op aangetekend en een 'r' gaf aan wanneer hij was teruggekomen.

'Ik zit hier sinds 28 mei.'

Ze keek me wat aandachtiger aan. Ze was nog steeds slaperig. Hij moest haar zwaarder hebben gedrogeerd dan mij op de dag van mijn ontvoering.

'Wacht, hoe heette je ook alweer?'

'Mijn naam is Sabine. Dat heb ik je boven al verteld...'

'Sabine hoe?'

'Sabine Dardenne.'

'Maar ik heb je al eerder gezien.'

'Nou, jou heb ik in elk geval nog nooit gezien. Dat weet ik zeker. Waar kom je vandaan?'

'Ik woon in Bertrix, helemaal in het zuidoosten van België.'

'Ik woon aan de andere kant, in Doornik. We kennen elkaar niet...'

'Wel. Wel waar. Ik heb je gezien! In heel België hangen aanplakbiljetten. Je ouders zijn wanhopig naar je op zoek!'

'Nou, maar dan zoeken ze toch niet hard! Vandaag zit ik al achtenzeventig dagen hier...'

'Wel! Ze zoeken je echt! Ik vergis me niet, jij bent het! Ik herken je van de foto. Je ouders zijn naar je op zoek!'

Ik geloofde haar niet. Mijn ouders konden niet naar me op zoek zijn, die wisten immers hoe het zat! Die waren immers niet bereid het losgeld te betalen!

Daarna vroeg ze me hoe ik hier terecht was gekomen.

'Ik was op weg naar school en toen ben ik van mijn fiets gerukt. En jij?'

'Ik was in Bertrix, ik was met mijn zus, haar vriendje en mijn vriendinnetjes naar het zwembad geweest. Omdat ik ongesteld was kon ik niet zwemmen. Mijn zus en haar vriendje gingen ergens anders naartoe, ik ben nog een tijdje gebleven, maar op een gegeven moment kreeg ik er genoeg van om de anderen plezier te zien maken in het water, dus toen ben ik weggegaan. Het zwembad is niet ver bij ons vandaan, ik ging lopend naar huis. En toen hield er een bestelbusje stil. Een vent vroeg wat er gaande was in Bertrix. Ik antwoordde dat de vierentwintiguursrace voor bromfietsjes werd gehouden. De vent deed alsof hij het niet begreep. En binnen twee tellen was ik de auto in gesleurd.'

'Via de zijdeur? Door hem?'

'Door hem of door die ander, een schriel mannetje met een pet.' Later is duidelijk geworden dat het die schrielhannes is geweest die haar om inlichtingen had gevraagd en gedaan had alsof hij haar niet begreep. En toen ze weer doorliep is de ander achter haar aan gekomen en heeft haar beetgepakt. Daarna zijn ze op dezelfde manier te werk gegaan als met mij. Behalve dat ze haar in een deken gewikkeld het huis hebben binnengedragen; ze was te groot om dubbelgevouwen in de koffer te passen. Later is bekend geworden dat buren hem die bundel hebben zien dragen en dat hij rustig had beweerd dat het zijn zieke zoontje was...

De rest van het verhaal van Laetitia over de verdoving leek op dat van mij.

'Hij heeft me medicijnen gegeven. Die heb ik uitgespuugd. Daarna heeft hij me opnieuw medicijnen gegeven met cola. Die heb ik ook weer uitgespuugd. "Je bent een kleine slimmerik," heeft hij toen gezegd.'

Hij had niet meteen in de gaten dat Laetitia de pillen had uitgespuugd in de colafles. Hij gaf haar opnieuw medicijnen en duwde die door haar strot en toen heeft de imbeciel zelf het laatste restje cola opgedronken. Op het moment dat hij zag dat de frisdrank schuimde, was het te laat. Hij had het spul al doorgeslikt.

'De derde keer heeft hij me een volle dosis gegeven. Ik voel het nog steeds, zelfs nu nog...'

Ze sprak vrij langzaam met een slepende stem. Soms vroeg ik haar: 'Wil je een boterham?' Dan antwoordde ze 'nee' alsof ze half sliep. Ik was helder en opgewonden, zij was wazig.

'Maar wat doe je hier de hele dag?'

'Hij' had me opgedragen om haar uit te leggen hoe het leven in onze schuilplaats eruitzag. We moesten op de grond gaan liggen als we een geluid hoorden, en mochten alleen antwoord geven als hij zei: 'Ik ben het.' De twee lampen, een zwakke en een sterkere, die losgedraaid moesten om ze uit te doen, het plankje, de toiletemmer, de conservenblikjes waarvan je het vocht ook moest drinken, de jerrycan met water. Het brood dat zo snel beschimmelde, het koffiezetapparaatje en de oploskoffie die we zo nu en dan kregen, maar geen suiker! Daar was hij op tegen, maar voor zichzelf gold dat natuurlijk niet! Soms gaf hij me drie zakjes suiker en daar moest ik het dan mee doen.

Laetitia hoorde me nog altijd versuft aan, terwijl ik zo graag wilde dat ze wakker werd! Ze had er zichtbaar moeite mee om wakker te blijven.

'Maar je hebt een tv?'

'Nee, daar kun je alleen een videospelletje op spelen. Als ik een tv had gehad, had ik het nieuws kunnen volgen. Ik weet wel dat we in België zijn.'

Die eerste dag samen was een teleurstelling voor me. Ze sliep nog half, hij moest haar een flinke dosis hebben gegeven. De volgende dag ging het nauwelijks beter, ik had het idee dat ik een monoloog hield!

Ik liet haar mijn schooltas zien, die ik gelukkig had mogen houden, en mijn huiswerk. Ik vertelde haar dat ik mijn ouders schreef.

'Denk je dat ik straks ook zou mogen schrijven?'

'Ik heb heel lang moeten zeuren voordat ik mocht schrijven. Weet je, ik verveelde me hier zo dat ik behoefte had aan gezelschap, ik wilde een vriendinnetje hebben...'

Ze reageerde niet onmiddellijk. Ze was nog zo suf dat het niet bij haar opkwam om te zeggen: 'Maar je bent niet goed bij je hoofd! Dus ik heb het aan jou te danken dat ik hier zit?'

Ze vertelde me wat hij had gezegd: 'Een gemene chef wil je kwaad doen, ik heb je gered...'

'Tegen mij heeft hij precies hetzelfde gezegd!'

Zelfs op dat moment ging er nog geen enkel belletje bij me rinkelen, terwijl die overeenkomst me toch eindelijk had kunnen doen inzien dat die smeerlap maar een verhaaltje ophing. De rest van de dag dommelde Laetitia een beetje. Ik verveelde me. Ik wilde daar weg, maar we zaten vast. Ook al had ik alle spullen zo goed als ik kon aan het voeteneinde van het matras neergelegd, ik wist niet meer hoe ik moest gaan zitten. Ik vroeg me af hoe het ons zou lukken om met z'n tweeën adem te halen in dit rattenhol. In m'n eentje stikte ik er al. Die opsluiting was een foltering. Als kind had ik altijd al behoefte gehad aan ruimte en vrijheid. Buiten met een bal spelen. Rennen. Hier werd ik stapelgek. Dat was ik waarschijnlijk al. De viezigheid, mijn smerige korte broek, mijn hemdje dat zwart was van het vuil. En de lampen die ik 's nachts nooit uitdeed, zo'n hekel had ik aan het donker.

Op een gegeven moment dacht ik dat we misschien wel met z'n tweeën zouden kunnen ontsnappen. Toen ik had geprobeerd de deur in beweging te brengen, was ik niet sterk genoeg geweest, maar het was me wel gelukt hem zover open te krijgen dat ik er bijna mijn hoofd door had kunnen steken. Dus misschien zou het met z'n tweeën wel lukken? Maar even later liet ik het idee weer varen, ik heb het er zelfs niet met Laetitia over gehad. Ik had heel erg op mijn lazer gekregen en als we het met z'n tweeën zouden proberen en het mislukte, zou hij pas echt razend worden en ons misschien in elkaar timmeren. Laetitia was groter, maar ik voelde dat ze mentaal minder weerstand had dan ik omdat ze was gedrogeerd, en dat ze de eventuele klappen minder goed zou kunnen opvangen. En zelfs ervan uitgaande dat de deur verder open zou gaan en we de kelder in konden glippen, dan was er altijd nog de trap, de deur die op slot zat, en de twee vertrekken op de begane grond waar we doorheen moesten om bij de voordeur te komen, die ook afgesloten was. En dan wisten we ook niet of hij in de buurt was en of hij ons met zijn beruchte 'bende van de chef' op de nek zou springen.

Ik probeerde me nog een keer zo goed mogelijk in ons hok te installeren, maar dat lukte niet echt. Laetitia lag versuft op het matras, ik wist niet meer hoe ik het moest aanpakken. Er was al nauwelijks plek voor één persoon, laat staan voor twee. We zaten als haringen in een ton. Zo nu en dan praatte ze tegen me en in afwachting daarvan, dacht ik na – maar niet al te veel – over de stommiteit die ik had begaan, toen ik om een vriendinnetje had gevraagd. Maar ik had me echt niet gerealiseerd dat hij met haar hetzelfde zou doen.

Toen hij naar de kelder kwam, zei hij op bevelende toon tegen mij: 'Jij blijft hier!'

Ik wist heel goed wat hij met haar ging doen, maar ergens in mijn hoofd zei een stemmetje dat ik ondertussen met rust gelaten zou worden. Later vond ik het een beetje sadistisch van mezelf dat ik me zo opgelucht had gevoeld, maar ik was de laatste twee weken zo knettergek geworden en ik had zo erg geleden... Het interesseerde hem geen moer dat ik leed, of ik nu bloedde of brulde, als dat monster er zin in had, leefde hij zich gewoon uit.

Ik verwachtte dat hij op een dag weer met mij zou beginnen, dus een adempauze was meer dan welkom. Toen hij zei: 'Jij blijft hier', zuchtte ik bijna van opluchting. Triest, maar waar.

Daarna moest ik weer denken aan wat Laetitia me had verteld: 'Ik heb mijn kop gehouden...'

Als ze de indruk wekte dat ze geen weerstand bood, zou hij denken dat ze ermee instemde! En die klootzak keek niet verder dan zijn neus lang was, hij zou het echt kunnen geloven! Alsof je ooit met zoiets kon instemmen! Ik haatte hem, dat onderkruipsel. Ik hoopte dat Laetitia hem duidelijk zou maken dat ze van hem walgde.

Toen ze terugkwam zei ze niets. Ik zag aan haar gezicht dat het niet het moment was om erover te praten. Ik durfde het niet. Ik dacht: je ondergaat het zo goed als je kunt, je brult, je verzet je, maar uiteindelijk haalt het allemaal niets uit! Bovendien was hij in staat om haar te slaan en mij ook, want ik was immers ook bang voor hem als hij me met zijn rotkop aankeek en met zijn vuist op de tafel sloeg, of dreigend een hand ophief en gromde: 'En nu hou je je kop!'

Tegen de vierde of vijfde dag, 14 augustus dacht ik, begon Laetitia pas echt bij te komen uit haar verdoving.

Ze had honger. Afgezien van de boterhammen en wat Nic-Nacs had ze sinds ze hier was aangekomen niets gegeten uit angst dat ze nog een keer zou worden verdoofd. Ze begon er langzaam een beetje bovenop te komen.

'Kunnen we de blikjes eten?'

'Nou, eet smakelijk, maar ik hoef niet.'

'Ik ga de balletjes in tomatensaus proberen.'

Ze at maar een half balletje, zo smerig waren ze als je ze koud at.

'Zouden we ze niet kunnen opwarmen met het koffiezetapparaat?'

'Natuurlijk niet. En we hebben hier niks om te koken, je moet alles koud naar binnen werken. De saus en alle smerige dingen die daarin zitten. Het brood is na twee dagen beschimmeld, niet te eten. Je kunt de schade inhalen met Nic-Nacs, water of melk... als die niet bedorven is. En als hij ervandoor is, kan hij lang wegblijven.'

We hoorden geen enkel geluid boven, niets, complete stilte. Laetitia had me gezegd dat hij haar op 9 augustus had ontvoerd. De avond ervoor had hij mij nog flink te pakken genomen. Het duurde nooit lang voordat het monster weer toesloeg. Laetitia had hij anticonceptiepillen laten slikken die over de uiterste houdbaarheidsdatum heen waren. Blijkbaar had hij daar een voorraad van.

Hij had haar dus op 12 augustus bij mij in het hok gebracht en van de gelegenheid gebruikgemaakt om mijn wekkerradio af te pakken. Nu kon ik niet eens meer naar muziek luisteren! Als ik alleen was, zong ik soms mee. En vervolgens stortte ik huilend in... Dan zette ik de muziek uit, zette hem daarna weer aan en dan begon het opnieuw. Ik was vooral bang dat de batterij van mijn horloge op zou raken, waardoor ik elk besef van tijd kwijt zou zijn.

Op 12 augustus kwam hij dus weer terug om Laetitia te halen en vanaf het moment dat ze weer terug was in ons hok, gebeurde er niets meer.

Ons kwam het goed uit, behalve dan dat hij op pad was gegaan zonder dat ik hem om extra proviand had kunnen vragen, we zouden het moeten uitzingen met wat er was aan blikjes en brood. Hoe lang? We waren met z'n tweeën, met één jerrycan water en één toiletemmer. Niets om ons te wassen. Dat was hem een rotzorg. Die kerel was weerzinwekkend.

Ik begon het vreemd te vinden dat hij niet naar beneden kwam om ons te halen. Die smeerlap had 'behoeften', er was haast geen dag voorbijgegaan zonder dat hij me had 'lastiggevallen'. Ik had verwacht dat hij met het nieuwe meisje hetzelfde zou doen. 'Dat is vreemd,' zei ik tegen haar.

Voor hem was op dat moment alles zeker vreemd! Hij had zich op zijn beurt laten oppakken. Op 13 augustus. En wij wisten natuurlijk van niets. Het toppunt was dat een rijkswachter die dag het huis had doorzocht en niets had gevonden. En wij hadden niets gehoord. Laetitia sliep, en ik moet ook hebben geslapen, maar dat maakt niet uit, want als we ook maar één geluid hadden opgevangen, zouden we ons geen van beiden verroerd hebben totdat we de stem van die imbeciel zouden hebben gehoord en hij zoals altijd met een vlijmscherp accent zijn komst aankondigde: 'Ik ben het...'

De arme rijkswachter heeft later de meest lelijke dingen naar zijn hoofd gekregen. Hij voelde zich daar zo beroerd onder dat hij tijdens het proces moest huilen. Hij had zijn werk gedaan, het huis en de kelder doorzocht en ik daag iedereen uit om zonder adequaat materieel te ontdekken wat er achter die slimme constructie van dat vastgeschroefde rek zat, die met tweehonderd kilo was verzwaard. Als die vent nu meteen was gaan praten, had Laetitia misschien minder hoeven te lijden, ook al had hij haar al vanaf de eerste dag pijn gedaan. En ik was al in zo'n stadium dat vierentwintig uur meer of minder... Ik neem het die arme man niet kwalijk. We moeten niet uit het oog verliezen wie de echte schuldige is!

Afgaande op de tijd die mijn horloge aangaf heb ik op 15 augustus 's middags in mijn kalender een kruis gezet bij die datum, zoals ik vaak deed als hij niet was langsgekomen om me 'lastig te vallen', en heb ik tegen mezelf gezegd dat er die dag een wapenstilstand was geweest in die smerige dagelijkse oorlog. Ik durfde nog altijd niet te hopen dat er ooit vrede zou komen.

Weer een dag. Ik zat daar al tachtig dagen en evenzoveel nachten. Min één...

We aten onze eeuwige Nic-Nacs, of ik toonde haar mijn tekeningen en huiswerk, ik weet het niet meer.

Toen we wilden gaan slapen – daarvoor moesten we op dat halfvergane matras van negenennegentig centimeter breed heel dicht tegen elkaar aan gaan liggen – hoorde ik een geluid.

'Hoorde jij dat ook?'

'Ja. Wat is het?'

'Misschien is hij met zijn chef en zijn maten gekomen.'

Net als ik wist Laetitia dat wij voor de 'chef' zogenaamd dood waren en dat die schoft ons beschermde. Voor haar was hij net zo goed de redder in de nood! Ik weet niet hoe lang ze dat zou hebben geloofd, maar op dat moment deed ze dat in elk geval wel.

'Zorg dat je je snel onder de deken kunt verstoppen. Als hij zegt dat hij het is, kunnen we hier weg.'

Daarna hoorden we langs de schuilplaats voetstappen de trap afdalen.

Deze keer kwam 'het gevaar' dichterbij.

'Er zijn te veel geluiden, ik heb nog nooit zoveel geluiden gehoord, er klopt iets niet, we moeten ons verstoppen...'

We hoorden mannenstemmen die riepen, zonder dat we duidelijk konden verstaan wat ze zeiden.

We waren doodsbang onder die deken, we beefden helemaal. Laetitia was nog onder de invloed van de medicijnen, waardoor ze nog meer over de rooie was dan ik. Ze begreep er waarschijnlijk niet veel van, behalve dat we in levensgevaar verkeerden. Onder de deken praatten we zachtjes tegen elkaar.

Ik was helemaal helder. Ik wilde niet dat ze het in haar broek zou doen van angst en ik probeerde haar zo goed en zo kwaad als het ging gerust te stellen, terwijl ik zelf ook bang was. En dat viel niet mee, maar ik had de meeste 'ervaring', ik moest het gevaar in de gaten houden en nadenken.

'Wie zijn het volgens jou?'

'Luister, ik zit hier al tweeënhalve maand, ik heb niet veel meer te verliezen, ik heb geen toekomst meer... Of ze zijn gekomen om ons allebei op te halen en wat ze dan gaan doen, weet ik niet, of ze komen voor een van ons tweeën, en dan komen ze voor mij. Ze gaan me vermoorden. We moeten afwachten.'

Ik geloof dat er geen millimeter ruimte zat tussen onze lichamen, die nog steeds enorm beefden en die we nog strakker tegen elkaar aan drukten om tegen elkaar te kunnen fluisteren.

Eerst hoorden we het geluid van stenen waar tegenaan getrapt werd in de kelder, daarna werden flessen en kannen weggehaald van de schappen aan de buitenkant. Deze keer was ik bang, echt bang, zo bang dat ik mijn angst niet onder controle had. Angst voor de naderende dood. Ik fluisterde tegen Laetitia: 'Het zijn er heel veel, ik ben doodsbang. Dit heb ik nog nooit gehoord. Ze halen de flessen weg. Dadelijk doen ze de deur open.'

Maar toch hoorden we zoals gewoonlijk zijn stem: 'Ik ben het! Ik kom naar binnen.'

Langzaam schoof de deur open, net ver genoeg om ons eruit te laten en op dat moment werd ik doodsbang. Het was hem inderdaad, daar op die trede, vlak voor de plek waar we naar buiten zouden komen, maar er stonden heel veel mensen om hem heen. Ik raakte in paniek, werd gek van angst.

'Ik wil er niet uit, ik wil er niet uit, wie zijn al die mensen... Jullie zijn gekomen om ons dood te maken, ik wil er niet uit...'

En tegen Laetitia: 'Kijk dan, hij is het wel, maar we weten niet wie al die andere mensen zijn.'

Maar al heel snel herkende Laetitia een van hen: 'Jawel, die daar! Hem ken ik, hem ken ik! Die werkt in Bertrix! Die ken ik. Dat is een politieman! Wees niet bang! Ga naar buiten!'

Op dat moment waren we er allebei van overtuigd dat 'onze redder in de nood' de rijkswacht was gaan halen, of dat hij ineens moedig was geworden en een manier had gevonden om ons te bevrijden... Verbijsterd aarzelde ik nog even. Was het waar? Konden we daar echt weg?

Ik vroeg hem zelfs of ik de kleurpotloden mee mocht nemen die hij me in al zijn 'goedheid' had gegeven. Laetitia wilde iets anders meenemen, ik weet niet meer wat. Hij antwoordde: 'Ja, die kun je meenemen. Dat mag.'

Als een idioot zei ik tegen hem: 'Dank u wel, meneer', toen ik me door de smalle doorgang wurmde, en daarna gaf ik hem als een imbeciel een zoen op zijn wang! Laetitia deed hetzelfde.

Sindsdien ben ik razend op mezelf dat ik dat onderkruipsel tot het eind aan toe heb geloofd, dat ik ooit heb gedacht dat die vent zonder naam, dat stuk vuil, de moed zou hebben gehad zichzelf aan te geven. Volgens mij kent hij het woord moed niet eens. Op dat moment dacht ik – maar op dat moment ging alles heel snel – iets in de trant van: hij had genoeg van de situatie. Hij wist niet meer hoe hij zich eruit moest redden. Hij heeft de politie gebeld... Dank u wel... Had ik hem die dag maar in zijn gezicht kunnen spugen! Dat ik die kans heb laten lopen!

Zonder na te denken wierpen we ons in de armen van

de leden van het onderzoeksteam. Het bleek dat ik me vastklampte aan rijkswachter Michel Demoulin. Na het proces, jaren later, heeft hij tegen me gezegd: 'Je wilde me niet meer loslaten, je klemde je zo stevig aan me vast...'

Ik kon het me niet zo goed meer herinneren.

Wij met z'n tweeën onder de deken, bevend van angst, die deur die openging, al die onbekende mensen... ik had het gevoel dat er een hele meute stond! En daarna, alsof ik op een hogere versnelling overschakelde, glipte ik onder de deur door en wierp me in de armen van de eerste de beste politieman en liet hem niet meer los.

Laetitia was in de armen van André Colin gevallen, de man die ze gelukkig herkend had omdat hij bij haar uit de buurt kwam. Hij gaf haar zijn zakdoek, waar ze in begon te huilen. Ik verkeerde vanaf dat moment in een roes van extase. Het enige wat ik besefte was dat ik daar weg zou gaan! De rest interesseerde me geen moer, ik neem aan dat de emoties die de bevrijding losmaakte even heftig waren als de angst van de minuut daarvoor. Het gebeurde allemaal zo plotseling, die onverwachte overgang van dat smerige hok waar ik tachtig dagen had zitten wegrotten naar het zonlicht!

Toen ik buitenkwam, dacht ik dat ik flauw zou vallen. Ik had al zo lang geen zuivere lucht meer ingeademd. En ik praatte, ik praatte... als een idioot.

'Ik ben zo blij! Is het waar dat ik naar huis ga? Echt? Zal ik mijn ouders weer zien, mama weer zien?'

Toen was ik niet bang meer. Ik trilde van opluchting, blijdschap en opwinding. Ik huilde, ik was euforisch. Ik begon zelfs een beetje te raaskallen, zonder te beseffen wat me overkwam. Is het geen grap? Is het een droom? Is het waar?

En toen ben ik met mijn kleurpotloden in een auto gestapt en ben ik in volle vaart naar de rijkswacht in Charleroi gebracht. Die potloden moet ik op de achterbank of bij de rijkswacht hebben laten liggen. Ik weet niet meer wat ik ermee heb gedaan, maar ik zie nog heel duidelijk voor me hoe ik ze in mijn hand had: ik draag mijn korte broek en het smerige hemdje, mijn haren zitten in de war. En ik juich!

In de auto keek een van de rechercheurs me aan en zei: 'Dit is een heel bizarre geschiedenis!'

Hij leek zo verbaasd me te zien! De rijkswacht was op dat moment op zoek geweest naar Laetitia. Na zo'n lange tijd hadden ze niet meer gehoopt mij nog levend aan te treffen. Ik heb het dus aan de ontvoering van Laetitia en het onderzoek dat daarop volgde, te danken dat ik het er levend van af heb gebracht.

Op een zekere dag zou hij genoeg van me hebben gekregen.

Hij mag de rest van zijn leven nog zo liegen, maar die vent zonder naam, nog minderwaardiger dan een worm, had de gewoonte om kleine meisjes of tieners te ontvoeren, per twee. Ik ben niet van de politie, maar de modus operandi, zoals dat heet in het Latijn, zijn handelswijze, was tot het einde van zijn 'carrière' aan toe hetzelfde. Dat heeft hij helemaal in z'n eentje en minstens drie keer bewezen.

Vóór ons waren het An en Eefje, en Julie en Mélissa.

Dat ik dit nu schrijf wil niet zeggen dat ik me probeer te ontdoen van het schuldgevoel dat ik om 'een vriendinnetje' heb gevraagd. Ik heb dat vriendinnetje echt gevraagd, met de naïviteit van een twaalfjarige, toen de waanzin zich van me meester begon te maken in dat afschuwelijke isolement waarin hij me opgesloten hield.

Ik ben ervan overtuigd dat het monster op die manier zijn 'voorraad' aanvulde. Ik was niet langer 'bruikbaar'. Laetitia zou me opvolgen.

Ik heb de dingen misschien alleen in een stroomversnelling gebracht. Of hij had dat idee zelf al opgevat. Dat doet er niet toe. Wat telt, is dat op de dag dat Laetitia is ontvoerd zijn aftandse bestelbusje eindelijk is gezien. De eerste keer door een non die voor haar raam stond en vond dat de wagen een hels kabaal maakte met zijn kapotte uitlaat. Voor een schroothandelaar, want dat was hij van beroep, niet erg snugger.

Daarna is het busje gezien door iemand die dezelfde gammele, witte roestbak beschreef, een Renault Trafic vol stickers op de ramen. De jongen herinnerde zich drie letters of cijfers van de nummerplaat. Op basis van die informatie heeft de rijkswacht de eigenaar van de schroothoop kunnen traceren, een recidiverende seksmaniak, een ex-bajesklant... Marc Dutroux.

Er is me verteld dat ze hem hebben gepakt toen hij in zijn tuin samen met zijn vrouw werd overrompeld en dat hij onmiddellijk in de boeien is geslagen – in nog minder tijd, hoop ik, dan hij tweeënhalve maand eerder nodig had gehad om mij van mijn fiets te sleuren.

Op het bureau van de rijkswacht in Charleroi kende ik het fijne van het hele verhaal nog niet. Ik was nog verbijsterd, maar wel helder.

Ze vroegen ons of we naar een dokter wilden. Dat heb ik geweigerd, ik was niet ziek!

'O, nee! Wat ik wil is eten, en drinken en ik wil me wassen. En deze smerige kleren uittrekken. En ik wil mijn ouders zien!'

'Je vader is nog maar net op de hoogte gebracht, hij is onderweg, we hebben hem gevraagd kleren voor je mee te nemen.'

De rechercheurs stonden versteld van mijn reactie. Later is me verteld dat ik er voor mijn leeftijd wonderbaarlijk vitaal 'uit was gekomen'. Dat is best mogelijk. Maar ik was me daar niet van bewust, ik ben altijd al ongeduldig geweest!

Het enige wat ik wilde was gewoon naar huis gaan en wel zo snel mogelijk.

Maar ik moest wachten, mijn ouders woonden ver weg. Ik wilde dat alles sneller ging. Ik was verschrikkelijk blij!

De 'grote' terugkeer

Ik zat achter een chocomel en een wafel. In de automaat van de rijkswacht zat niet veel soeps, ze hadden het meest voedzame gekozen.

'Dit is de onderzoeksrechter die met de zaak is belast.'

Ik keek de man verbaasd aan. Een onderzoeksrechter, wat is dat? Belast met de zaak? Welke zaak? Ik begreep het niet.

'U bent onderzoeksrechter?'

'Ja.'

Ik draaide me om naar een rechercheur.

'Hé, hij heeft een hawaïblouse aan!'

Ik had niet verwacht een onderzoeksrechter te zien, zeker niet een in een kakelbont hemd! Rechter Connerotte was gekleed alsof hij net terug was van vakantie. Omdat ik al tweeënhalve maand werd vermist, had iedereen de hoop opgegeven me nog levend terug te vinden. De rechercheurs keken me aan alsof ik uit een toverhoed was gesprongen!

Ik begreep hun verbazing niet. Overal in België hingen opsporingsaffiches met mijn foto en die van mijn fiets en ik wist van niets. Toen Laetitia me had gezegd: 'Ze zijn naar je op zoek', had ik haar niet eens geloofd. En het was nog steeds niet tot me doorgedrongen. Alles liep door elkaar. Ik was vrij, maar ik wist niet hoe en waarom. Het scenario dat die schoft in mijn hoofd had geplant werkte nog steeds. Wat er in het hoofd van Laetitia omging wist ik niet, ik wist niet of zij het wel begreep, maar aangezien we allebei 'dank u wel' hadden gezegd tegen die maniak, en hem bovendien nog een kus op zijn wang hadden gegeven, was het voor de leden van het onderzoeksteam heel belangrijk ons zo snel mogelijk te vertellen hoe de vork in de steel zat.

Ik weet niet precies meer welke bewoordingen ze hebben gebruikt, maar het was iets als: 'Hij heeft jullie maar wat op de mouw gespeld. Jullie hebben je laten beetnemen. Hij is niet jullie redder in de nood. We verdachten hem al een hele tijd, het is een recidivist, hij heeft een crimineel verleden. Hij zit in de cel hiernaast.'

Die zin, 'jullie hebben je laten beetnemen', drong als een giftige pijl mijn hoofd binnen. Het kaartenhuis stortte in elkaar. Ik had alles 'geslikt', was ervan overtuigd geweest dat die sadist niet loog. Had hij me zoveel angst aangejaagd, voor mezelf en voor mijn ouders, alleen om me kwaad te kunnen doen?

Weer stonden ze te kijken van mijn reactie.

'O ja? Zit hij in een cel hiernaast? Ik wil hem zien. Hem zeggen wat ik van hem vind!'

'Nee, nee, blijf nou rustig!'

'En ik, stommeling die ik ben, heb hem geloofd. Ik heb die rotzak zelfs bedankt!'

Dat was het ergste. Als ik het over had kunnen doen, zou ik dat verdomde 'dank je' achterwege hebben gelaten.

Ik was razend. Als de politiemensen me mijn gang hadden laten gaan, was ik hem aangevlogen. En ik zou hem hebben laten weten wat voor klootzak hij was, vast en zeker.

Had ik hem op dat moment maar kunnen zeggen: je hebt me belazerd, maar nu zul jij wat beleven! Nu mag jij wegrotten in de bak, ben je nou tevreden? Dat zou me enorm hebben opgelucht. Ik was in vorm, ongetwijfeld zelfs te goed in vorm, en helemaal vol van de gebeurtenissen. Ik was pas twaalf jaar en grofgebekt. Ik reageerde alsof een schoolvriendinnetje een gemene streek met me had uitgehaald. Ik wilde die sadist uitschelden, hem flink de waarheid zeggen en deze kwestie zelf afhandelen!

Ik was zowel woedend als euforisch. Ik wist niet of ik moest lachen of huilen. In mijn hoofd buitelden allerlei gedachten over elkaar. Ik dacht tegelijkertijd aan wat ik de komende dagen zou gaan doen, thuis, bij mijn ouders en op school, waar over twee weken de lessen weer zouden beginnen. Ik mocht naar huis, dat was fantastisch. En dadelijk zouden mijn ouders komen!

Wat zullen ze tegen me zeggen? Wat zal ik hun zeggen?

Ik had alles al uitgelegd in mijn brieven. Hadden ze die ontvangen?

Het valt niet mee om zoveel jaar later de gevoelens

te ontleden waardoor ik heen en weer werd geslingerd. Schuld, schaamte over wat ik had moeten doorstaan, woede, de blijdschap om weer vrij te zijn... Het moet één grote kolkende massa zijn geweest, waardoor ik het allemaal niet scherp zag. Instinctief reageerde ik zo goed als ik kon op al die tegenstrijdigheden.

Iemand van het onderzoeksteam zei tegen me: 'Maak je geen zorgen, stel jezelf niet te veel vragen. Als ze er zijn, zie je wel hoe het gaat.'

En op dat moment hebben ze me ook verteld dat mijn vader alleen zou komen.

'Waar is mama?'

'Je vader wilde niet dat ze meekwam. Hij wist niet hoe je eraan toe zou zijn, dus ze is thuisgebleven.'

Daar was ik niet blij mee. Had ik net te horen gekregen dat ik mijn ouders weer zou zien, en dan komt er maar één, omdat ze zich zorgen maken over mijn toestand? Het zou ze een rotzorg moeten zijn hoe ik eraan toe was, mama zou gewoon blij moeten zijn me te zien! Waarom had hij haar thuis laten zitten?

Bovendien dachten ze dat ik gek was, of ziek, want ze stelden voor een dokter te laten komen! En mama bleef gewoon thuis!

Toen mijn vader aankwam, had ik veel zin om tegen hem tekeer te gaan omdat hij alleen was gekomen, maar uiteindelijk zei ik alleen maar dat ik heel blij was, dat ik net had gegeten, dat het allemaal geweldig was en dat het tijd was om naar huis te gaan, omdat ik er genoeg van had. En hij overvoerde me met vragen. We konden elkaar zelfs niet meer verstaan, want iedereen praatte door elkaar, hij, ik, de rechercheurs...

Ik wilde weg. Ik had er schoon genoeg van. Ik was vrij, de rest interesseerde me niets. Toen mijn vader me mijn kleren had gegeven, ben ik samen met een maatschappelijk werkster naar de wc gegaan om mijn gezicht van het ergste vuil te ontdoen en me om te kleden. Laetitia deed hetzelfde. Zij had haar ouders ook teruggezien. Voor elk van ons nam het leven weer zijn 'gewone' loop.

Daarna heb ik mijn vader aan zijn mouw getrokken.

'Kom, we gaan, we gaan naar huis, ik blijf hier niet.'

Een van de rechercheurs had echter een telefoontje gekregen met de mededeling dat mijn moeder samen met een collega van haar werk met de auto onderweg was, ze wilde zo graag komen dat ze naar niemand had willen luisteren. En ik kreeg het ondertussen benauwd, daar in het bureau van de rijkswacht in Charleroi. Ik had weg willen rennen. En toen stond mijn moeder ineens voor mijn neus.

'Gaat het? Hoe voel je je? We hebben ons zo'n zorgen gemaakt! We hebben zo naar je gezocht!'

'Ik dacht niet dat jullie naar me op zoek waren, ik zat daar helemaal alleen, ik kreeg geen enkel teken van leven.'

Ik weet niet eens meer wat ze me allemaal heeft gevraagd. Het ging van: 'Gaat het?' 'Ja, prima.'

Ik was gezond van lijf en leden, dat was het belangrijkste. Misschien niet in topvorm, maar ik had niets ernstigs... Wat kon ik anders antwoorden dan: 'Prima!'

Ik dacht: we gaan naar huis, we praten er niet meer over, ze zullen me op z'n minst vanavond toch wel met rust laten, ik wil in mijn eigen bed slapen.

Achteraf gezien neem ik aan dat iedereen verwachtte een wrak aan te treffen, een arm, klein, bang meisje in tranen. Maar ik had genoeg gehuild in dat rattenhol, genoeg geleden onder de opsluiting. De volwassenen zagen dat anders. Ik was het slachtoffer van een grote sadist. Zij zagen maar één ding: de mishandeling. En daar wilde ik niet meer aan denken. Ik was ontsnapt aan de dood, ik was in leven... Nooit meer bang zijn, nooit meer pijn hebben, hield ik mezelf voor. En snel weer mijn vertrouwde omgeving opzoeken, mijn bed, mijn knuffels, mijn gewoontes.

Samen met een rechercheur uit Doornik zijn we met z'n drieën weggegaan in een anonieme politieauto. Toen we bij het knooppunt van Doornik Kain aankwamen, dat befaamde viaduct waar ik op 28 mei 's ochtends op weg naar school onderdoor was gereden, zag ik een spandoek: 'Welkom.' De inwoners hadden de tijd gehad om dat te maken. Het nieuws van mijn bevrijding had zich als een lopend vuurtje door de buurt verspreid, en dat had ik niet verwacht. Een grote menigte begaf zich te voet naar het huis waar ik woonde. De toegang was geblokkeerd. Overal stonden auto's. Het was één groot feest, alle opsporingsaffiches van de rijkswacht werden verbrand. Ik was al zenuwachtig om thuis te komen, en deze beroering beangstigde me een beetje. De auto van de rijkswacht kwam niet vooruit in de menigte van buurtbewoners en journalisten met hun vrachtwagens en antennes.

Ik kon niet eens de roodbakstenen voorgevel van ons huis zien. Ik voelde hoe mijn keel werd dichtgeknepen. Ik hou niet van menigtes. Daarin heb ik me altijd al opgesloten gevoeld. Ik werd helemaal overdonderd door al die belangstelling. Ik vroeg alleen: 'Wat is dit? Wie zijn al die mensen?'

'Ze hebben tachtig dagen naar je gezocht, natuurlijk vieren ze feest!'

Ik wist niet dat al die mensen van mijn verdwijning op de hoogte waren geweest. Dat ze onafgebroken naar me gezocht hadden, dat ze de omgeving hadden uitgekamd, de rivier hadden afgedregd, dat de rijkswacht met een helikopter over de streek was gevlogen. In België was een speciale eenheid belast met het onderzoek naar de verdwijning van kinderen. Julie en Mélissa, acht jaar, An en Eefje, zeventien en negentien jaar, en anderen. Ik wist niet dat de arrestatie van het monster van België zulke enorme wraakgevoelens had opgeroepen. Ouders hadden hun kinderen gezocht, bij een vriendinnetje had ik de aanplakbiljetten van Julie en Mélissa zien hangen voordat ik zelf verdween. En zij hadden met z'n allen naar mij gezocht, en ik leefde!

Er heerste een ware psychose, die na de arrestatie van 'de meest gehate man van België' erger werd. Ze zwol aan, zette het hele land op z'n kop, en veroorzaakte politieke conflicten. Politici moesten aftreden en bepaalde leden van het onderzoeksteam werden aan de kant gezet, onder wie de rechter in zijn hawaï-overhemd, die ik had ontmoet, en zelfs Michel Demoulin, die me gered had! Jaren later zou ik in een gigantische polemiek terechtkomen. De getuige die de wandaden had overleefd van een laffe psychopaat en leugenaar die bij duizenden mensen door het hoofd zou blijven spoken en kilometers krantenpapier zou vullen.

Ik kende alleen mijn eigen geschiedenis, die van Laetitia nauwelijks. Zo is het nu eenmaal.

Ik voelde me schuldig omdat ik 'een vriendinnetje' had gevraagd. Heel lang hield ik mezelf voor dat ik op dezelfde hoop moest worden gegooid als die schoft, ook al wist ik dat het niet mijn schuld was. Híj had haar getraumatiseerd, niet ik. Maar ik was zo stom geweest niet te bedenken dat hij met haar hetzelfde zou doen als met mij. Ik was het zo beu geweest om alleen met hem opgescheept te zitten, ik was die lijdenskamer boven zo zat, en had er zo genoeg van gehad om opgesloten te zitten in dat hok, dat ik er geen seconde aan heb gedacht dat hij met haar hetzelfde zou uithalen.

Ik heb tegen het onderzoeksteam gezegd dat ik hem om een vriendinnetje had gevraagd. Maar ze zagen aan mijn gezicht dat ik zo was gemanipuleerd dat ik me op het moment zelf niet eens schuldig had gevoeld. En toch tolde dat schuldgevoel daarna door mijn hoofd. Ik probeerde me ervan te ontdoen door mezelf voor te houden: oké, jij hebt het gevraagd, maar hij is degene geweest die haar kwaad heeft gedaan, en als ik haar niet 'geëist' had, was ik dood geweest en zou hij niet gearresteerd zijn! Maar het zal altijd aan me blijven knagen. Laetitia weet dat. Toch denk ik dat ze het me kwalijk neemt, ook al heeft ze dat nooit tegen me gezegd, waarschijnlijk om me niet te kwetsen. Ze weet dat ik ook een grote last te dragen heb... of ze neemt het me echt niet kwalijk. Dat hoop ik maar. Tijdens het proces hebben we er met elkaar over gesproken. Ik vond het zo erg, maar als zij het niet was geweest, had hij wel een ander gevonden. En uiteindelijk heeft Laetitia ons alle twee gered.

Toen ik thuiskwam zag ik dat allemaal nog niet zo duidelijk, maar het schuldgevoel was er al wel. En dat kwam boven op alle andere dingen waar ik mee moest leren leven.

Het was vreemd, die feeststemming in de buurt. Ik kwam uit een rattenhol, waar die schoft me gehersenspoeld had met zijn verhalen over losgeld, de dood en mijn ouders die geen moer om me gaven... En ineens bevond ik me te midden van een menigte die al die tijd naar me had gezocht! Het lukte me niet die twee beelden met elkaar te verenigen. Ik had die hufter geloofd en dat nam ik mezelf kwalijk. Dat is het enige wat ik op dat moment heel goed besefte.

Een politieman heeft me in zijn armen over de rozenstruiken heen naar het huis gedragen. Ik heb talloze mensen gegroet, zonder te weten wie het waren. En toen ik daaraan toevoegde: 'Ik heb u gemist', wat heel vaak door de media is aangehaald, was dat niet voor iemand in het bijzonder bestemd. Ik bedoelde het in het algemeen. Ik had het leven gemist.

Toen we voor de deur van ons huis stonden herkende ik mijn vriendinnen uit de buurt. Mijn zus plukte me uit de lucht toen de politieman me wilde neerzetten. Ik hoorde stemmen, kreten van vreugde, een stortvloed van woorden, en op de drempel stond mijn oma me op te wachten. Mijn Bonne Maman. Als een zuchtje geluk voor mij alleen fluisterde ze in mijn oor: 'Ik ben zo blij je te zien.'

In haar armen was ik emotioneler dan toen mijn

vader bij de rijkswacht in Charleroi was aangekomen. Bonne Maman was mijn rots in de branding, mijn zekerheid dat er iemand onvoorwaardelijk van me hield.

Het huis zat vol familie. Zo vol dat ik niet eens meer bij ze op de bank paste, en dus ben ik maar vlak bij de salontafel op de grond gaan zitten. Ik vroeg iedereen hoe het met ze ging, ik probeerde al selectief te luisteren, om alles wat mij betrof eruit te filteren, zoals er geknipt wordt bij de montage van een film. Zelfs mijn familie had ik niets te 'vertellen'. Dat ze het later misschien allemaal in de krant hebben gelezen, is me om het even.

Ik ging naar de slaapkamer die ik met een van mijn zusjes deelde. Ik ben mijn knuffels gaan zoeken. Aangezien al die mensen voor ons huis nog steeds aan het feesten waren en de aanplakbiljetten verbrandden, heb ik het gordijn voor het raam van de badkamer wat opgetild en ernaar gekeken zonder het licht aan te doen. Toen ik even naar de mensenmassa zwaaide begonnen ze allemaal als gekken te applaudisseren. Op dat moment ben ik in m'n eentje in tranen uitgebarsten.

Het was raar om al die mensen te zien applaudisseren, terwijl ze me haast niet zagen. Niet meer dan een schim achter het raam. Het maakte me bang. Het was te veel.

Voordat ik naar bed ging, ben ik lang in bad blijven liggen. Ik rook lekker toen ik eruit kwam. Dat was geluk. Eindelijk had ik rust en ik was vastbesloten dat zo te houden. Ik heb mijn klerenkast opengemaakt en naar mijn kleding gekeken, ik heb gecheckt of mijn kussens er waren, alles lag nog op z'n plaats. Ik inspecteerde de slaapkamer van mijn ouders en die van mijn andere zusje. In de zitkamer ontdekte ik nieuwe spullen, lampen en kussens. Die hadden ze tijdens mijn afwezigheid gekocht. Dat was een raar gevoel. Op twaalfjarige leeftijd kon ik dat niet bevatten, ik vond het gewoon schokkend.

'Hé, dat hebben ze allemaal gekocht terwijl ik in dat hok zat...'

De eerste dagen was ik bang om naar buiten te gaan en mijn vrienden op te zoeken. Bang voor de blikken en de vragen. Ik deed alsof het allemaal nooit gebeurd was. Geen vragen. Maar ze waren niet dom, ook al waren ze jong. Uiteindelijk begrepen mijn vrienden beter wat ik voelde dan bepaalde volwassenen uit mijn omgeving.

Toen ik de kranten zag met de foto van Laetitia en mij en grote koppen als: 'Eindelijk bevrijd!' en 'In leven!' kreeg ik een schok. Er stond ook een overzicht in van alles wat er was ondernomen om me te vinden. En ondertussen had ik aan mijn ouders getwijfeld, zonder dat ik hun dat in mijn brieven had laten weten, en ik had die ploert zijn gang laten gaan omdat ik alles geloofde wat hij zei! Ik voelde me zo stom, zo vernederd dat ik in zijn goedkope verhalen was getrapt!

Op 16 augustus was er thuis een defilé. Veel mensen kwamen me een cadeautje of bloemen brengen, voor het huis stak iedereen uit onze buurt vuurwerk af. Ik was gelukkig. Het gaf me een goed gevoel, maar ik zat nog altijd gevangen in het cirkeltje: 'Gaat het?' 'Ja, prima!'

Op 17 augustus kwamen de mensen van het onderzoeksteam 's ochtends bij me thuis langs om mijn verklaring op te nemen. Diezelfde avond hoorden we op het journaal dat de lichamen van Julie en Mélissa in Sars-la-Buissière waren gevonden, in de tuin van een van de huizen van die klootzak. De twee meisjes van acht jaar die sinds juni 1995 werden vermist.

De beelden lieten meedogenloos zien hoe er met een bulldozer werd gegraven, de gaten in het gazon. Ik was op het nippertje aan de dood ontsnapt. Voor hetzelfde geld had ik in die tuin gelegen. En Laetitia een tijdje later.

Ik moest het absoluut van me afzetten, die angst voor de dood die me meer dan twee maanden in zijn greep had gehad. Deze werkelijkheid, deze wrede beelden voerden me terug naar die kelder. Ik werd er depressief van en had geen zin om weer in dat gat te vallen.

Die ochtend had ik het moeilijk gevonden de vragen van de rechercheurs te beantwoorden. Ik had nog niet de tijd gehad om weer op adem te komen. Maar het moest gebeuren voordat ik te veel dingen zou zijn vergeten. Soms vond ik het gênant om de vragen te beantwoorden. Dat hadden ze goed in de gaten en dus namen ze de tijd.

'Als je er genoeg van hebt, moet je het zeggen, dan pauzeren we even en gaan we daarna weer verder. We zijn hier niet omdat we het zo leuk vinden je lastig te vallen, maar omdat het nodig is. Hou jezelf voor dat je je niet hoeft te schamen, het is niet jouw schuld wat er gebeurd is en hoe meer je ons erover vertelt, hoe beter je ons helpt.'

De klootzak zelf werd onophoudelijk verhoord, ik was niet van plan hem de kans te geven nog meer onzin op te hangen. Ik had heel goed begrepen dat ik alles moest vertellen voordat ik de details die voor het onderzoeksteam belangrijk waren zou zijn vergeten. Deze mensen hadden het monster gepakt, ze hadden ons uit zijn klauwen bevrijd, ik vertrouwde ze volledig. Met hen kon en moest ik erover praten. Met een ander kon ik dat niet. Ik wilde nog steeds niet naar een dokter, maar ik moest toch. Voor het onderzoek.

Maar 's avonds, toen ik die beelden zag, werd het me te veel. Al de volgende dag wilde ik vluchten, mijn buurmeisje opzoeken of me stomweg in mijn hut verschuilen en genieten van de paar dagen vakantie die ik nog had voordat ik weer naar school zou gaan. Soms moest ik met mijn vuist op tafel slaan om naar mijn vriendinnetje te mogen. Ik woonde maar drie meter bij haar vandaan.

'Ga niet naar buiten, pas op.'

'Nou is het mooi geweest, wat kan me nog meer overkomen! Het is klaarlichte dag, er zijn genoeg mensen in de buurt, het is mooi weer, iemand is het gras aan het maaien in zijn tuin... ik wil naar buiten.'

Ik was voor niemand bang, ik wilde mijn vroegere leven weer oppakken. De buurtbewoners hadden me een fiets cadeau gedaan, daar wilde ik mee naar school, maar dat mocht natuurlijk niet.

'Nee, je gaat niet in je eentje naar school! Nu nog niet in elk geval!'

'Jullie kunnen me niet verbieden met de fiets naar school te gaan vanwege wat er is gebeurd! Dat het me nog een keer overkomt, is wel heel erg onwaarschijnlijk!'

Aanvankelijk was ik wat meer op mijn hoede. Als er iemand achter me liep, had ik het idee dat hij me volgde, dat hij naar dezelfde plek ging als ik. Ik wilde hem zien. Het kon stomweg iemand uit de buurt zijn die op weg was naar de bakker, maar ik zei bij mezelf dat ik maar beter zijn gezicht in me kon opnemen, voor het geval dat. Ik was een scherp waarneemster, de details van de ontvoering had ik heel goed kunnen beschrijven, de schrielhannes met de pet, zijn jack, het huis en de kamers, alles wat ik gezien of gehoord had stond in mijn geheugen gegrift. Details heb ik me altijd goed kunnen herinneren.

Voor mijn ontvoering kon ik de nummerplaten van auto's en telefoonnummers ook al moeiteloos onthouden. Het was een onbewust spelletje. En erna, als ik bijvoorbeeld een bestelwagen zag, keek ik onmiddellijk naar het kenteken, zelfs als er niets verdachts was aan de auto, zelfs als het die van de ijscoman was. Ik lette wat beter op, maar meer niet. Ik wilde een gewoon leven lijden, ik mocht niet volslagen paranoïde worden.

Ik was niet van plan om achter alle meisjes aan te hollen om hun te zeggen dat ze uit moesten kijken... waarvoor?

Mensen zijn altijd geneigd te denken dat dat soort dingen alleen een ander overkomt, maar het kan iedereen overkomen. Op de hoek van de straat. Zoals de kleine Loubna bijvoorbeeld, die gewoon boodschappen was gaan doen, toen ze langs het benzinestation op de hoek liep. Wie had kunnen voorspellen dat een klootzak haar bij dat pompstation zou kidnappen? Niemand. Niets kan een kind beschermen tegen zo'n klootzak! Ik was gewoon op weg naar school. Daar ben ik nooit aangekomen. Wie had me daarvoor kunnen waarschuwen? Niemand. Ik weet niet meer wanneer ik weer alleen met de fiets naar school ben gegaan, maar ik wilde dat al heel snel. En dat mijn zusje met me meeging, dat gebeurde daarvoor ook al. Soms ging ik eerder weg en haalde zij me later in.

Maar thuis werd ik plotseling overdreven beschermd, vooral door mijn moeder. En daar kon ik niet goed tegen. Alle buurtbewoners waren bang, hun kinderen kwamen niet meer buiten! Ik wilde niet dat ons hele gezin in een psychose zou raken. Ik wilde niets vertellen, en ik wilde ook niet dat mama de brieven las die ik in die kelder had geschreven. De rechercheurs, oké, de onderzoeksrechter, oké, later tijdens het proces, oké. Maar dat begreep ze niet.

'Maar je hebt ze toch aan mij geschreven? Ik mag ze toch wel lezen, daar heb ik recht op!'

Ik wilde alles vergeten, mijn leven weer opbouwen op mijn manier, en vooral niet dagelijks herinnerd worden aan wat er was gebeurd. Maar aanvankelijk viel dat niet mee. Ik ben één keer naar de dokter geweest, om monsters af te laten nemen of zoiets, omdat de rechter dat had 'bevolen', maar dat was tegen mijn zin. Een paar dagen daarna is er iemand langsgekomen om wat haren van me mee te nemen, weer voor analyse. Ze moesten gecontroleerd worden op sporen van slaapmiddelen en andere troep die 'hij' me had gedwongen te slikken. Maar de dosis was zo laag dat ik daar niet knettergek van kon zijn geworden, zoals sommigen later beweerden, en die man moest op het proces verschijnen om te vertellen dat wat hij had gevonden verwaarloosbaar was geweest!

De burgemeester kwam me thuis opzoeken. Ik heb van die gelegenheid gebruikgemaakt om hem te vragen straatverlichting aan te laten brengen in die beruchte Rue du Stade, waar ik was ontvoerd.

Daar kwamen 's ochtends en 's avonds veel kinderen doorheen. Twee of drie weken later was er verlichting. Om dat voor elkaar te krijgen, had ik eerst door die hel moeten gaan.

Tijdens het tweede verhoor kwam ik Michel Demoulin weer tegen, de onderzoeker die door de pers zo'n beetje als de held van de zaak werd beschouwd. Hij was degene geweest die de bekentenissen van het monster had losgekregen. Hij had hem het vuur na aan de schenen gelegd. Indertijd had hij me wat dingen uitgelegd, maar die was ik weer snel vergeten, omdat ik álles wilde vergeten. Behalve dat hij mijn echte 'redder in de nood' was geweest. Pas toen we elkaar weer tegenkwamen na het proces, heeft hij me verteld met wat voor methode hij die bekentenissen had losgekregen: die nietsnut had zo'n eigendunk dat Michel hem juist via zijn ijdelheid heeft kunnen pakken. Hij had hem al een tijdje uitgehoord. Zijn medeplichtige, 'de schrielhannes', een verslaafde zo bleek, had hem erbij gelapt, dus de idioot zat helemaal klem. Michel zei dat

Dutroux op een gegeven moment op het punt had gestaan om door te slaan, en dat hij hem toen had gevleid met de opmerking dat hij er zonder zijn 'hulp' niet uitkwam, en dat zijn vriendje hem beschuldigde. Op dat moment had Michel gevoeld dat het monster iets prijs zou geven, hem iets 'cadeau' wilde doen, om de situatie te blijven 'beheersen'. Hij werd ondervraagd over de ontvoering van Laetitia, die hij niet kon ontkennen omdat er getuigen waren die hem hadden gezien. En plotseling had hij met het air van een grand seigneur verkondigd: 'Ik zal jullie twee meisjes geven.'

Michel zei tegen me: 'Ik was verbaasd, we zochten alleen Laetitia, waarom zei hij dan "twee"? Toen heb ik me omgedraaid. In het vertrek waar ik hem ondervroeg hing een foto van jou. Ik vroeg hem of jij het was, en hij bevestigde dat en zei dat Laetitia niet alleen was, dat hij ons de sleutels van zijn huis in Marcinelle zou geven, en dat hij ons zelf zou laten zien waar hij jullie had verborgen.'

De ijdeltuit zal hun wel hebben verteld dat hij de enige was die ons uit zijn rattenhol kon halen omdat we bang zouden zijn als hij er niet bij was... omdat zijn slachtoffers alleen maar reageerden op 'zijn stem'!

Ik heb jaren gewacht voor ik Michel weer wilde ontmoeten, omdat ik me bewust afzijdig had gehouden van deze zaak, die waanzinnige proporties had aangenomen. Hij was van de zaak gehaald toen het onderzoek nog gaande was. Ik vond dat treurig. Ik bewonder die man, zijn werk, zijn onpartijdigheid en zijn onbuigzaamheid. Hij behoorde tot degenen die deze klootzak zagen als een ijdele psychopaat en manipulator. Hij heeft zich niet door het spel van die schoft laten meeslepen, maar er gebruik van gemaakt. Het monster is geen zielig klein schakeltje in een zogenaamd netwerk waarvan de verantwoordelijken niemand minder zouden zijn dan de hoogste machthebbers van het land, zoals hij iedereen wilde doen geloven. Hij liegt alsof het gedrukt staat, hij heeft theorieën aangedragen die even miserabel zijn als hijzelf en ik hoop dat hij daar langzaam in stikt. Als ik eraan denk dat hij kinderen heeft, dat zijn vrouw medeplichtig is geweest, dat ze er jaren mee heeft gewacht dat te bekennen, terwijl er kleine meisjes waren die in alle eenzaamheid stierven en anderen die in haar tuin begraven lagen! Dat zijn geen mensen meer. Ik weet niet wat het zijn. Hij heet Marc Dutroux, zij heet Michèle Martin, maar voor mij zijn ze niets en niemand, zo onbenoembaar slecht.

Die klootzak was al sinds de jaren tachtig bezig. Hij was tot dertien jaar veroordeeld voor verkrachtingen en andere wandaden, maar werd op 8 april 1992 wegens 'goed gedrag' op vrije voeten gesteld, terwijl de psycholoog van de gevangenis en de procureur daar tegen waren...

En hij had gezworen het weer te doen, maar deze keer zonder zich te laten pakken. Hij heeft het vier jaar lang gedaan, geholpen door die vrouw en een reddeloos verloren verslaafde. Deskundigen noemen hem officieel een 'psychopaat'.

Toen ik twaalf was, wist ik niet wat dat was, en zelfs op twintigjarige leeftijd begrijp ik nog steeds niet hoe een psychopaat functioneert. Het enige wat ik weet is dat ik hem op een dag in het gezicht wilde kijken, recht in zijn ogen. Toen ik twaalf was hebben ze dat verhinderd, om me te beschermen neem ik aan. Ik heb acht jaar moeten wachten voordat ik het kon doen.

En hij, 'de klootzak', was toen degene die zijn ogen neersloeg.

Therapie op mijn manier

De onderzoeksrechter wilde dat ik naar een psycholoog ging; er staan me nog vagelijk rare tekeningen bij waar ik op moest reageren. Het was belachelijk, ik had niets te melden. En later weigerde ik het gewoon. Ik wilde er niet over praten. Ja, het was gebeurd, nee, ik zou het nooit kunnen vergeten... Punt. Ik werd er niet beter van als ik het verhaal jarenlang herhaalde. Het was gebeurd, daar kon ik niets aan veranderen. Mijn hoofd was niet leeg, maar als ik iemand daarin had laten spitten, was ik waarschijnlijk gek geworden van de eindeloze vragen naar het 'hoe' en 'waarom'.

Ze dachten dat ik ziek was. Ik was geschokt, zeker, maar niet ziek. Ze zeiden van me: 'Ze staat met beide benen op de grond.' Zo nu en dan misschien zelfs iets te stevig, maar zo was het nu eenmaal. Ik wilde weer gewoon naar school. Dit soort dingen is niet te genezen, je moet ermee leren leven en het in je eentje zien te redden. En niemand begreep dat.

Ik wilde een barricade. Mijn advocaat was de enige die dat accepteerde, hoewel ik indertijd niet bij hem langsging omdat ik minderjarig was. Mijn ouders en mijn zussen zijn jarenlang naar een psycholoog gegaan. Ik denk dat zij daar meer behoefte aan hadden dan ik.

Ik kon niet met hen praten, ik had trouwens niemand bij wie ik mijn hart kon uitstorten. Mijn vriendinnen waren even oud als ik en zouden het niet hebben begrepen. Mijn toenmalige vriendinnen hadden nog de mentaliteit van twaalfjarige meisjes. En ik was ook een meisje van twaalf, maar geestelijk was ik een stuk ouder. In mijn hoofd was ik al volwassen. Ik had niemand nodig. Ik moest al het werk zelf doen.

Ik ben bij mezelf in therapie gegaan. Telkens als ik de beelden weer voor me zag, probeerde ik ze weg te zappen en ergens anders aan te denken, en dan ging ik weer door met het gewone leven. Vaak ook ga ik voor de spiegel zitten om mijn haren te borstelen of me op te maken en dan praat ik. Soms hardop, soms in stilte, wanneer er iemand in huis is. Ik praat tegen mezelf alsof er een ander tegenover me zit en geef mezelf antwoord. Als ik in de put raak, kom ik daar zelf wel weer uit. Nu er inmiddels acht jaar zijn verstreken, hou ik mezelf voor dat het nergens goed voor is om depressief te zijn en me schuldig te voelen. Ik moet het van me afzetten, mezelf voorhouden dat wat er is gebeurd niet nog een keer zal gebeuren. Dat hoop ik tenminste.

Je bent er goed uitgekomen, dit is niet het moment om weg te zakken in een moeras.

Aanvankelijk was rust het enige waar ik behoefte aan had. Ik leefde in mijn cocon en begon al een pantser om me heen op te bouwen. Ik wilde geen vragen horen en geen antwoorden geven. Als er een reportage over Dutroux op tv was, weigerde ik daarnaar te kijken. Ik deed alsof het me niet interesseerde, en als ik zin had om om drie uur 's nachts de krant te lezen, of naar iets te kijken wat ik nog niet had gezien, dan deed ik dat stiekem. Dat was de beste manier om te voorkomen dat anderen vragen zouden stellen over de reportage of over de dingen die waren gebeurd. Ik heb het geluk gehad dat ik een plek voor mezelf had gekregen. Een slaapkamer voor mij alleen op zolder met een tv en alles wat ik nodig had. Daar kon ik me afzonderen, in m'n eentje naar 'mijn' tv kijken, denken wat ik wilde, huilen of lachen als ik dat wilde, niets zeggen als ik dat wilde, ik had er rust. En als iemand me vroeg: 'Heb je het journaal gezien?', antwoordde ik: 'Nee, hoezo? Ik heb naar een film op tv gekeken.' Soms was dat waar.

Helemaal in het begin viel het niet mee om mezelf te beschermen. Tussen 15 en 17 augustus werden de lichamen van Julie en Mélissa ontdekt. Ik hoorde dat ze waren gestorven terwijl die zak in de gevangenis zat, dat zijn vrouw, die hun water en eten had moeten brengen, 'bang' was geweest om de deur van de bergplaats open te maken, en dat Julie haar naam op een van de muren had geschreven waarbinnen ik had zitten wegkwijnen. Maar die was al bijna vervaagd, ik heb hem nooit ontdekt. En toen het monster uit de gevangenis kwam, wist hij maar één ding te doen: ze onmiddellijk begraven in zijn tuin.

Op 3 september bracht het onderzoek nog twee doden aan het licht. In de buurt van een chalet dat toebehoorde aan zijn handlanger, werden de lichamen van An en Eefje aangetroffen, plus dat van de handlanger zelf. Ze waren verdoofd toen ze werden begraven, maar nog wel in leven, evenals zijn medeplichtige.

Iedere keer zie ik voor me wat me had kunnen overkomen. Waar zouden ze me hebben gevonden? In welke tuin?

Zelfs tijdens het proces wilde ik niet luisteren als dat onderwerp werd besproken. Ik had het overleefd en voor de andere ouders was het moeilijk om mij daar te zien zitten, springlevend. Het valt niet mee om de overlevende van een moordpartij te zijn.

Tegelijkertijd stond ik thuis voortdurend onder een verstikkende druk: 'Ga niet naar buiten zonder je zusje, ga niet alleen naar de winkel, je mag nog niet op de fiets naar school...' Ik kon er niet meer tegen. Ik had zin om te schreeuwen: laat me met rust, praat er niet de hele tijd over op tv, overspoel me er niet langer mee, zet niet meer van die grote koppen in de krant! Laat me naar school gaan, gewoon mijn leven leiden. Laat de volwassenen het maar uitzoeken met dat monster en die onderzoeken!

Jammer genoeg voor mij was er dag in dag uit niets anders te zien of te lezen.

Op school waren ze geweldig. Ze hebben me niet één vraag gesteld omdat de rector een korte toespraak had gehouden en me was komen opzoeken voordat het nieuwe schooljaar begon.

Hij vroeg me: 'Wanneer denk je weer naar school te gaan?' Ik antwoordde: 'Op 1 of 4 september, als de school weer begint.'

'Weet je dat zeker? Wil je niet nog een paar dagen thuisblijven? Je hebt helemaal geen vakantie gehad.'

'Nee, want als ik later zou beginnen dan de anderen, zou ik een uitzondering zijn.'

Ik was bang dat de anderen me zouden aanstaren als ik midden in het jaar zou terugkomen. Dan zou ik op een nieuwkomer lijken die ineens weet ik veel waarvandaan kwam aanzetten.

Ik kreeg te horen dat ik naar de tweede klas mocht, terwijl ik had gedacht dat ik de eerste zou moeten overdoen... Ik was heel blij. En ik heb daar helemaal geen problemen gehad. Kinderen onder elkaar hebben meer respect voor het verhaal van een ander. Hun wereld is eenvoudiger. Over zaken die vervelend zijn wordt niet gepraat. En ze hoorden er genoeg over op straat, in de kranten, via hun ouders en de tv. Ze begrepen heel goed dat ik mijn eigen leven wilde leiden en die geschiedenis van me af wilde zetten. Mijn klas wilde eind augustus wel een feestje geven, maar dat heb ik geweigerd. Ik begreep het wel, zij hadden ook naar mij gezocht. Uiteindelijk hebben ze me een aanplakbiljet met mijn signalement gegeven waar de hele klas zijn naam op had gezet. Ze waren blij dat ik terug was. Maar voor mij was het geen feest om weer op school te zijn, ik wilde eigenlijk geen mensen zien. Maar we zouden het jaar hoe dan ook samen doorbrengen, ik zou de hele dag bij hen zijn. Als ze me wilden bijpraten over wat er was gebeurd tijdens mijn afwezigheid, zou daar alle tijd voor zijn. Zij waren ondertussen gerustgesteld, ik was gezond, zonder sneeën of littekens, teruggekomen. Sommigen zeiden: 'Stom hè, we hebben je overal gezocht, en uiteindelijk was je helemaal niet zo ver weg.'

'Ja, om razend van te worden, maar ja, zo is het nu eenmaal gegaan.'

Ik was niet van plan hun over het huis, het rattenhol en de rest te vertellen. Als ze bijzonderheden hebben vernomen, dan was dat uit de kranten. Mij hebben ze in elk geval niets gevraagd, ook niet als ze alles wisten. En de leraren stelden ook geen vragen.

De eerste tijd kwamen journalisten voor ons huis filmen, maar ik kwam nooit naar buiten. Mijn vader stond ze te woord. Al snel hadden ze in de gaten dat we teruggetrokken wilden leven, want dat had onze advocaat hun onmiddellijk duidelijk gemaakt. De boodschap was helder: 'Laat ze met rust.' Maar toen ik op een dag buiten was met mijn hond om de sneeuw weg te vegen, zag ik op drie meter bij me vandaan iemand met een camera. Ik maakte me daar niet al te druk over. Ik vroeg me alleen af waarom het interessant was om een meisje te filmen dat een bezem door de sneeuw duwde!

Toen ik 's avonds de beelden op de regionale tv zag, moest ik heel erg lachen. Je zag vooral mijn hond die zijn neus tussen de half openstaande deur stak. Het woei een beetje en de oortjes van Sam, een halfbloed cocker, vingen de wind. De herhaling van het journaal later op de avond heb ik opgenomen vanwege de beelden van mijn Sam. Hij was zo schattig.

Of het een leraar of leerling is geweest, weet ik niet eens meer, maar later, in 1998, zei iemand tegen me: 'Hij is ontsnapt! Ben je niet bang?'

Aanvankelijk meende ik dat het een grap was, maar toen ik de helikopter boven de school zag rondcirkelen, dacht ik bij mezelf dat het misschien toch waar was. Ik pretendeer niet dat ik niet even bang werd van het idee dat hij vrij rondliep. De rijkswacht surveilleerde overal in de buurt van de school en bij ons huis hielden zelfs mannen de wacht. Maar toen ik thuiskwam, waren ze weg, want 'het uitstapje' was alweer voorbij!

Net als iedereen heb ik in de krant de details van die belachelijke vluchtpoging gelezen. Hij was in het paleis van justitie in Neufchâteau om 'zijn dossier' in te zien. Daar heeft hij een van zijn bewakers neergeslagen en de andere omvergelopen en diens wapen afgepakt, dat blijkbaar niet eens geladen was! Daarna heeft hij een auto gestolen en toen is er een achtervolging ingezet en uiteindelijk is hij domweg in een bos vast komen te zitten. Een boswachter heeft hem teruggevonden! Op de foto ziet hij er stom uit met die zak over zijn hoofd en zijn handen in de lucht. Natuurlijk dacht ik: als ze niet eens in staat zijn hem een beetje fatsoenlijk te bewaken, dan zal het nog wel een tijdje duren voordat ze het onderzoek hebben afgerond!

Toen het mediaspektakel in het hele land losbarstte, begon ik een echte barricade op te trekken. Mijn ouders hadden tegen mijn advocaat gezegd: 'Geen pers, ze wil met rust gelaten worden.' En dat werd ik ook, in elk geval op dat punt. Ik hoefde me niet opnieuw onder te dompelen in het onderzoek, omdat ik minderjarig was, en ik ging nog niet naar mr. Rivière, die onze belangen behartigde. Als hij me op een dag zou hebben opgebeld met de mededeling: 'Ik heb exacte informatie nodig, niet van je ouders, maar van jou', dan had ik hem die gegeven. Maar dat heeft hij nooit gevraagd, omdat hij alles al had begrepen. Alles wat ik kon vertellen stond al in de brieven, die gelukkig voor een deel zijn teruggevonden.

Zo daalde om me heen de stilte neer. Geen journalisten, geen verklaringen of interviews. Alleen mijn vader was aanvankelijk bereid om met de lokale krant te praten, en daarna heeft ons gezin zich voor de buitenwereld afgesloten. Er waren op 15 augustus nog wel wat beelden van de 'kleine Sabine' die weer thuis was bij haar familie, maar verder niets. De fotografen begonnen pas veel later om me heen te draaien.

En toen werd de Witte Mars van zondag 20 oktober aangekondigd ter nagedachtenis aan de gestorven of vermiste kinderen. De moeder van Élisabeth Brichet stond aan de basis van die demonstratie, samen met de ouders van Julie, Mélissa en An. De ouders van Eefje hielden zich afzijdig, ik weet niet of ze erbij waren. Élisabeth was twaalf toen ze op 20 december 1989 verdween. In de tijd van de Witte mars wist nog niemand wat er met haar was gebeurd. Haar lichaam is pas in 2004 gevonden, vijftien jaar later, na de arrestatie van Fourniret, dat andere roofdier, een Fransman die zijn prooi ook in België zocht. Élisabeth was in Noord-Frankrijk bij een kasteel begraven.

Het motto van de Witte Mars luidde: 'Dit nooit weer.' De bevolking wilde ook protesteren tegen het feit dat onderzoeksrechter Connerotte, die door iedereen competent werd geacht, van de zaak was gehaald. Een disciplinaire maatregel die het 'spaghettibesluit' werd genoemd. De aanleiding was dat de rechter de uitnodiging had aanvaard om met de families van de slachtoffers te eten. Ik was daar toevallig bij aanwezig, nadat ik bij Laetitia op bezoek was geweest, maar ik heb zelfs geen woord met de rechter gewisseld! Hoe het ook zij, hij werd beschuldigd van 'partijdigheid' omdat hij samen met de slachtoffers spaghetti had gegeten! We mochten die rechter met zijn hawaïblouse heel graag... hij deed zijn werk goed. Maar rechter Langlois, die hem opvolgde, was ook niet slecht, wat anderen er ook van gezegd hebben om hun eigen gelijk te halen. Ik was indertijd nog veel te jong om alle kronkels van het justitiële apparaat te begrijpen.

Ik had over die Witte Mars gehoord en wilde daar per se naartoe. Mijn advocaat heeft me daar onlangs aan herinnerd, want dat was ik zelf helemaal vergeten.

'Jíj wilde meelopen. Niet je ouders. Die wilden je juist die stress besparen, vanwege de menigte en de media uit de hele wereld die aanwezig zouden zijn. En toen heb jij geantwoord: "Als jullie willen verhinderen dat ik ga, zullen jullie me in de kelder moeten opsluiten!"'

Ik was pas twee maanden daarvoor uit een andere kelder ontkomen, maar mijn hele klas liep mee in de mars, en dus hebben mijn ouders toegegeven en zijn we met het hele gezin naar de Witte Mars gegaan, samen met vriendinnetjes en buren... Er zijn die dag in Brussel meer dan driehonderdduizend mensen de straat op gegaan. Mij ging het erom om eer te betuigen aan de anderen, aan de meisjes die dood waren, terwijl ik nog in leven was.

Later had ik spijt van die beslissing. Ik kreeg het al heel snel benauwd. Er waren zoveel mensen. Een medewerkster van de eerste hulp liep de hele tijd vlak achter me: 'Wil je een respirator of een pilletje?'

Ik wilde niets, alleen volhouden. Dat ik het benauwd had kwam door de menigte, door die mensen die me vastgrepen alsof ik een circusdier was, of me raar aankeken als ze me zagen langslopen. Het was ook raar. De mars was zowel georganiseerd voor de verdwenen of gestorven kinderen als voor ons, de twee die het hadden overleefd. Vanwege de gevoelens van de andere families verkeerden we in een moeilijke positie. Ik was in leven, maar dat wilde niet zeggen dat ik niet leed onder de dood van de anderen. Maar al die mensen die schreeuwden, die mensen die me zonder enige reden omhelsden, me aankeken alsof ik een geest was, dat was angstaanjagend. Ik was geen heldin van deze macabere geschiedenis, en Laetitia ook niet. Het lukte ons niet om in die mensenmassa vooruit te komen. Er waren bussen van de rijkswacht, witte ballonnen, en ze hadden witte kartonnen petjes uitgedeeld, maar vooral foto's van de ontvoerde meisjes: Julie en Mélissa, An en Eefje: begraven. Élisabeth en de kleine Loubna: verdwenen. Ik voelde me helemaal niet op mijn gemak.

Het was de bedoeling dat alle families zouden samenkomen op een podium en dat was onmogelijk geworden. De rijkswacht moest ons helpen. Ik kon niet meer, dus ik heb op dat podium met een verstikte stem niet meer dan drie woorden in de microfoon gesproken. De volgende dag stond er in een krant een enorme, postergrote foto van mij in tranen. Dat had ik niet gewild, ik was niet gegaan om me 'te laten zien' en zeker niet om in het openbaar 'te huilen'. Huilen is een privé-aangelegenheid. Op dat moment is mijn wantrouwen jegens de media geboren. Ik wilde niet meer dat ze me fotografeerden. Ik had niet verwacht dat ik ten prooi zou vallen aan paparazzi en al die andere mensen. Om me zo groot en huilend voor die menigte afgebeeld te zien staan, vond ik vreselijk. Maar daar was ik weer snel overheen en daarna heb ik me voorgoed aan de blik van anderen onttrokken.

Voor mij was dat een noodzakelijke voorzorgsmaatregel die echter tot allerlei krankzinnige speculaties leidde: 'Ze komt nooit meer het huis uit...', 'Ze is heel erg aangeslagen', 'Ze herinnert zich vast niets meer, hij moet haar voor altijd hebben verdoofd', 'Ze is ooit daar en daar gezien, hij moet haar aan het netwerk hebben gegeven...'

Na die uitputtende marathon door de straten van Brussel moesten we naar de eerste minister voor een rondetafelgesprek. Ik heb niet zo goed gevolgd wat er allemaal werd gezegd. Ik zat met Laetitia te praten. De minister sprak met de ouders, want uiteindelijk was het een bijeenkomst voor volwassenen. Die dag gaf de moeder van Élisabeth Brichet me een foto van haar dochter en vertrouwde ze me toe: 'Je lijkt heel veel op haar, zij was ook elf jaar.'

Ik voelde me opgelaten, omdat ik nog in leven was. Ze was al sinds 1989 op zoek naar haar dochter, had bij de tientallen sporen die tot niets hadden geleid telkens hoop gehad, zonder te kunnen rouwen, uitgeput van de hoop en angst die elkaar afwisselden. Misschien dacht ze toen dat 'ons' monster ook de ontvoering van haar dochter op zijn geweten had, en dat hij op een dag eindelijk de waarheid zou spreken. Maar dat was niet het geval. Het was Fourniret, dat andere monster. De gruwelen van deze twee psychopaten waren even erg. Hij doodde alleen snel, hij martelde niet eerst maandenlang voordat hij moordde.

Wat de 'onze' betreft, die vertelde nooit de waarheid! Hij had het niet gedaan, het waren altijd de anderen! Julie en Mélissa: 'Die heb ik niet ontvoerd, dat was Lelièvre!' (Blijkbaar de schrielhannes met de pet die in mijn geval zijn handlanger was geweest.) 'Mijn vrouw heeft ze langzaam van de honger laten omkomen.'

Over An en Eefje: 'Die heb ik niet vermoord, dat was Weinstein! Ik heb ze alleen verdoofd!'

Over Weinstein: 'Ik heb hem niet vermoord!'

De Weinstein in kwestie, voor mij een onbekende, werd dood en begraven aangetroffen naast Julie en Mélissa. An en Eefje zijn in Jumet op het terrein rond de woning van Weinstein gevonden...

Dat was slechts een van de verhalen die hij later in de loop van het jarenlange onderzoek zou opdissen. Zelfs toen zijn vrouw hem na jaren van verdorven medeplichtigheid eindelijk beschuldigde, kaatste hij de bal terug en 'smeekte' haar de waarheid te vertellen! Hij beweerde dat hij zich had 'opgeofferd' voor zijn gezin om hen te beschermen tegen een denkbeeldig netwerk.

Die vrouw was zijn medeplichtige geweest. Ze heeft nooit een spier vertrokken of een traan gelaten voordat ze werd gearresteerd, terwijl ze alles wist! En ze had nota bene zelf kinderen. Nog zo'n monster, maar dan vrouwelijk...

Op de dag van de Witte Mars was ik daar nog niet van op de hoogte, ik wilde alleen de mannen en vrouwen bijstaan die een kind hadden verloren, die hun kinderen net hadden begraven of die nog naar hun kind zochten, en ik was weer de getuige die hun ellende had overleefd. De extra last van het schuldgevoel dat dit opriep, kon ik niet op me nemen, het werd te veel. Mijn jeugd was me afgepakt, ik was niet meer zoals de andere meisjes op school, onschuldig, en tegelijkertijd wilde ik met alle geweld anoniem in hen opgaan.

Mijn tienertijd, de jaren tussen mijn vijftiende en negentiende, was het moeilijkst. Dat is toch al niet de makkelijkste leeftijd, maar sinds mijn kinderjaren werd er in het gezin niet veel gepraat, vooral niet door mama. Ik voelde me altijd buitengesloten. Vaak dacht ik dat mijn ouders me niet hadden willen hebben. Ik was een 'ongelukje'. Misschien maakten ze een grapje als ze dat zeiden, maar ik nam het serieus. Mijn moeder had me alleen verteld dat ik tussen half vier en vier uur was geboren. Het precieze tijdstip was niet bekend omdat zij was ingeslapen en mijn vader de keizersnede niet had bijgewoond. Die vaagheid zinde me niet. Ik heb altijd alles precies willen weten. In de kelder leefde ik met de wekker. Ik was verslingerd geraakt aan uren, minuten, seconden.

Daarna ben ik in een couveuse gelegd, zei mijn moeder, omdat ik te vroeg was geboren. En ik had naar het schijnt veel haar. Daar hield het verslag van de gebeurtenis op.

Ze leek zich af te vragen: wat wil je dat ik je nog meer vertel?

Dat ze van me hield, bijvoorbeeld. Of op z'n minst

dat ik op die leeftijd was gaan lopen en op die leeftijd was gaan praten... De kleine details die een kind zekerheid geven over zijn bestaan. In plaats daarvan staat me vaag een verhaal bij over dat ik aanvankelijk niet alleen in de baarmoeder van mijn moeder zat. Er zou plaats zijn geweest voor een ander kind, dat zich niet had ontwikkeld; de vruchtblaas was leeg.

Ik heb mijn moeder geen vragen gesteld over dat onderwerp. Over leegte stel je geen vragen. Blijkbaar heb ik indertijd aangevoeld dat ik niet moest aandringen. Het was raar.

Dit is slechts één voorbeeld van de verwijdering die er sinds mijn kinderjaren tussen mijn moeder en mij was opgetreden. Misschien dat ik daarom zoveel praat en dat ik zoveel vrienden heb, want dat gebrek aan communicatie vond ik niet leuk. Als ikzelf later kinderen heb, hoop ik niet dezelfde fout te maken. Ik ben ook niet van plan om hun leven voor te kauwen, maar ik zal wel mijn best doen hun vragen te beantwoorden.

Ik wilde dat ik voor mijn moeder bestond. Dat ze van me hield zonder over me te oordelen. Misschien niet zoals ze van haar lievelingsdochter hield, maar op z'n minst zoveel dat ik het van tijd tot tijd kon voelen... Was het nodig dat ik verdween, voordat ze zich om me ging bekommeren? Plotseling werd alle aandacht op mij gericht. Ik kreeg het er benauwd van.

Maar ik was nog steeds niet haar oogappel, degene die 's avonds voor de tv over de haren wordt gestreeld, degene die zoveel op haar moeder lijkt, die op school in alle vakken goed is. Van wiskunde begreep ik nog altijd niets. Aan mijn vermogen cijfers te onthouden, telefoonnummers of nummerplaten van auto's, had ik met wiskunde niets.

Ik had er de pest over in dat mijn moeder me onophoudelijk negeerde dan wel kleineerde, niet alleen op dat punt, maar ook op andere gebieden. Mijn grote zussen deden alles goed, maar ik, het lelijke eendje, de halve jongen, niet. De moederliefde werd niet eerlijk verdeeld, ze schonk maar beperkt aandacht aan me en uiteindelijk veranderde er niets. Aanvankelijk werd ik overdreven beschermd, en daarna ging alles weer als voorheen.

'Je schoolrapport! Alweer een onvoldoende! Die hond verliest te veel haren! Je moet ze opvegen!'

Soms zag ik mezelf weer voor me in dat rattenhol, nadenkend over mijn slechte cijfers voor wiskunde, en over al die andere dingen waarvan ik dacht dat ik ze verkeerd had gedaan. Ik had toen geschreven: 'Ik beloof dat ik... Ik zal liever zijn, gehoorzamer...'

Maar mijn moeder hoefde maar te zeggen dat ik moest vegen – een bevel dat stante pede moest worden uitgevoerd – en ik zag dat vuile huis weer voor me dat die smerige ploert me had opgedragen op handen en voeten schoon te maken met een walgelijke oude lap en afwasmiddel. Ik was gedwongen Assepoester te spelen in omstandigheden waarvan niemand zich een voorstelling kan maken, en dat soort bevelen, die dwang, verdroeg ik niet meer. Ik kon trouwens geen enkele autoriteit meer velen.

Daarvóór stond ik ook al nooit te popelen om huishoudelijke klusjes te doen. Ik was te klein en vond dat mijn grote zussen het leeuwendeel van die taken op zich moesten nemen. Maar mijn moeder luisterde niet naar me. Ik voelde me echt achtergesteld.

Als kind speelde ik met kleine autootjes, ik rolschaatste, skateboardde en voetbalde. Ik sliep met vriendinnetjes in een tent. Ik trok veel op met mijn vader, en legde mijn eigen tuintje aan. Ik ben verzot op radijs... En ik kon weg: spelen in mijn hut of met mijn vriendinnen, en dan verdween het nare gevoel algauw naar de achtergrond. Ik maakte plezier en als ik dan thuiskwam trok ik een boos gezicht zoals jongens dat kunnen doen. En daarna vergat ik het.

Maar toen ik gevangenzat bij die psychopaat, heb ik over al die dingen nagedacht. Als ik naar mijn rapport keek of de dagen in mijn schoolagenda telde, zag ik mijn moeder, hoorde ik haar vragen: 'Wat moet die onvoldoende voor wiskunde voorstellen?' En al haar kritiek en verwijten. En toch schreef ik mijn brieven aan haar. Ik wilde haar eerst zien, voor alle anderen. Als 'hij' bijvoorbeeld tegen me had gezegd: 'Je mag één persoon van je familie zien', zou ik mama of mijn Bonne Maman hebben gekozen. Kortom, tijdens mijn jeugd ben ik tot de conclusie gekomen dat het alles in aanmerking genomen beter was dat ze zich niet om me bekommerde. Gebrek aan communicatie binnen een gezin kan schade aanrichten. En als er dan iets ergs gebeurt, wordt de kloof nog groter.

De twee jaren na mijn bevrijding had ik het aardig volgehouden binnen ons gezin.

Daarna gingen de conflicten vooral over het feit dat ik weigerde naar een psycholoog te gaan. Het was zo erg dat elke ruzie, waar die ook over ging, eindigde met: 'Ik had je toch gezegd dat je naar een psychiater moest!'

Eenzaam overleven valt niet mee. Als ik op 15 augustus 1996 gedacht had dat ik mijn moeder in vertrouwen kon nemen, dat ik mijn hart bij haar kon uitstorten, had ik dat gedaan. Maar daar hadden ze die dag misschien Bonne Maman voor laten komen. Vóór die tachtig dagen van mijn gevangenschap was ik me er niet echt van bewust geweest dat er zo'n gebrek aan genegenheid was. Om dat te beseffen, moest ik eerst worden opgesloten. Een gevoel van 'het is te laat'. Ik had die hel moeten overleven om me dat te realiseren. De eerste weken ging het goed, maar al met al hield dat gevoel van geluk niet lang stand, en dat brak me op. Ik zei bij mezelf: eerst praatten ze in dit gezin niet tegen me, en nu ik de dood in de ogen heb gezien, is iedereen blij dat ik er weer ben en móét ik met iedereen praten... Onbewust heb ik er misschien voor gekozen wraak te nemen door niet mijn hart uit te storten en mijn moeder niet de brieven te laten lezen waar heel mijn lijden in was samengevat. Alsof ik tegen haar zei: 'Jij hebt nooit met me willen communiceren, nu wil ík niet.'

Maar de belangrijkste reden voor die weigering was dat ik ze geschreven had in de wanhoop van mijn opsluiting en eenzaamheid, toen ik dacht haar nooit meer te zien, en nu meende ik dat het haar te veel pijn zou doen om die brieven te lezen. Haar, en mij trouwens ook. Mijn moeder was ernstig ziek geweest, ze had net een zware kankerbehandeling achter de rug, en ik vond dat ik het niet kon maken om haar keihard met mijn eigen verdriet te confronteren. Ik schaamde me al genoeg.

Ik hoopte dat ze zou begrijpen dat ik door mezelf te beschermen ook haar beschermde. Maar in plaats daarvan kreeg ik de indruk dat ze zich mijn lijden wilde toeeigenen, dat in zekere zin op zichzelf wilde projecteren, alsof zij het had meegemaakt. En ik begreep die houding niet, want ze kon mijn lijden niet van me overnemen. Dat kan niemand. Iemand kan uit medelijden wel doen alsof hij het begrijpt, maar hij heeft het zelf niet aan den lijve ondervonden. Mijn familie heeft geleden, maar vanaf een afstand. Dat gevoel had ik ook tijdens het proces als ik naar het publiek keek dat de rechtszittingen bijwoonde alsof ze in de schouwburg zaten. Er zaten mensen in de zaal en anderen op het toneel. En de mensen die op het toneel zitten maken niet hetzelfde mee als degenen in de zaal.

Sommige vrouwen zeiden tegen me, te vaak naar mijn smaak: 'Ik begrijp je.' Maar zij hadden het niet meegemaakt, ik wel. En iets wat je niet zelf hebt beleefd, kun je niet begrijpen.

Ik denk dat iedere vrouw die is verkracht hetzelfde zou zeggen. Ik weet dat mijn moeder heeft geleden, dat ze nachten geen oog dicht heeft gedaan en op mij heeft gewacht, maar ze heeft niet in mijn situatie verkeerd en ruim daarvoor was er al iets tussen ons verloren gegaan.

Dat was ook het geval toen mijn ouders gingen scheiden, in hun huwelijk was ook al heel lang iets verloren gegaan. En dat kwam niet, zoals psychiaters beweerden die ik overigens nooit heb ontmoet, 'door' wat mij is overkomen. Mijn ouders kunnen zich niet achter mij verschuilen om hun scheiding te verklaren. En deskundigen niet achter hun theorieën om mijn gedrag te verklaren.

Iedereen drong erop aan dat ik mijn lijden van me af zou praten bij een psychiater. Maar ik heb honderden keren herhaald dat het geen zin zou hebben.

'Het zit allemaal in me, en dat blijft zo!'

Als ik zou praten zou ik alleen een ander met mijn lijden opzadelen.

Er was ook nog een andere reden – en die is er nog steeds – waarom ik me afzijdig heb gehouden van de zaak die heel België bezighield: de blikken van de anderen.

Toen ik jonger was, zei ik: 'Ze kijken me raar aan', en daar hield ik niet van. Hoe ik ook mijn best deed, ik viel altijd op. In mijn land wist iedereen het. En de 'rare' blik is de meest gênante. Die straalt medelijden uit, waar ik helemaal niets van moet hebben, of hij verraadt dat iemand het niet kan laten zich dingen 'voor te stellen'. Dat is vreselijk. Ik had een hekel aan opmerkingen als: 'Arm kleintje', of 'Ik weet wat het is...' Of nog erger: 'Kom in mijn armen...'

Een volwassen vrouw heeft het er al heel moeilijk mee om te ontsnappen aan de blik van iemand die 'het weet'. Een kind van mijn leeftijd, verloren als een kiezelsteentje in deze gruwelsaga die in het land, de politiek en de media enorme vormen begon aan te nemen, kreeg nauwelijks kans om aan die blikken te ontkomen, thuis niet, en op straat ook niet. Dus heb ik me tegen de buitenwereld gepantserd. Dat zat in mijn aard en was de enige manier om me binnen mijn universum staande te houden.

De enige bij wie ik me op mijn gemak voelde was

Bonne Maman. Bonne Maman was mijn ster, ook al liet ik mijn genegenheid niet altijd genoeg blijken en ging ik niet meer zo vaak naar haar toe als vroeger. Ik toon mijn gevoelens nu eenmaal niet zo gauw. Maar zelfs al ben ik haar niet drie of vier keer per dag om de hals gevallen, voor mij was zij mijn echte moeder. Toen ik in de eerste klas zat en mama 's ochtends werkte, ging ik naar haar toe om te ontbijten. Ze bracht me naar school, tussen de middag ging ik weer naar haar toe en om vier uur kwam mama me ophalen, van school of bij Bonne Maman. En als ze 's middags werkte was het omgekeerd en maakte ik om vier uur bij Bonne Maman mijn huiswerk. Toen ik nog jonger was sliep ik 's avonds zelfs eerst bij haar als mama laat thuiskwam. In de eerste klas was het nog geen probleem voor Bonne Maman om me te helpen bij mijn huiswerk. Ze ging in ieder geval naast me zitten, keek wat ik moest doen en zei dan zonder een bevelende toon aan te slaan: 'Goed, eerst doe je dit en daarna dat! En dan kijk je daarnaar!'

Ze zei heel vriendelijk: 'Begin maar en als je hulp nodig hebt, dan roep je me maar.'

Ik at mijn boterham, pakte mijn schooltas en ging rustig aan het werk. En als ik op een probleem stuitte, riep ik Bonne Maman. Als ze me kon helpen, deed ze dat met alle plezier. Mijn ouders deden dat haast nooit, integendeel: 'Zeg, in welk jaar dacht je dat huiswerk af te hebben? Het is al half zes!'

Mijn oma is op haar vijfentachtigste overleden, toen ik vijftien was. Indertijd heb ik het mezelf kwalijk genomen dat ik niet bij haar was gaan wonen, of haar op z'n minst vaker had opgezocht in plaats van rond te hangen met vriendjes en vriendinnetjes van mijn leeftijd. Maar dat was niet gemakkelijk. Mijn familie ging regelmatig naar haar toe, en dan werd er over mij gepraat. Ik had geen zin om dat aan te horen. Zoals ik ook besloten heb niet elk jaar naar haar graf te gaan op Allerheiligen. Je hoeft niet bij een graf te staan om te rouwen. Mijn Bonne Maman was lief voor me, oordeelde niet over me. Als ze me nu nog had kunnen horen, zou ik tegen haar hebben gepraat. Ze kon goed luisteren, wellicht zou dat me hebben opgelucht, en op een dag zou ik haar ongetwijfeld hebben bedankt. Maar toen ik vijftien was heb ik die kans laten lopen. Ik had zo'n behoefte aan vrienden en vriendinnen van mijn eigen leeftijd. Met hen kon ik lachen, dansen en urenlang praten. Ik leefde.

Rond mijn zestiende heb ik in mijn vriendenclubje een jongen leren kennen die wat ouder was dan ik. Ik sprak niet over mijn geschiedenis en niemand begon erover. Bijna vier jaar lang had ik echt rust, een leven als alle anderen. Natuurlijk moest ik in opstand komen tegen mijn ouders, die het nooit goedvonden dat ik uitging, vooral mijn moeder niet. Maar ik leidde echt een gewoon leven en er was geen sprake van dat iemand me dat zou onthouden.

Op tv werd er niet meer over de affaire gesproken. In die tijd hoefde ik niet eens bij mezelf in therapie te gaan: ik leefde simpelweg mijn tienerleven. Ik mocht me in mijn hoofd dan wel ouder en vooral anders voelen dan de meisjes van mijn leeftijd, maar ik dacht niet meer aan 'hem' en als ik op een krantenartikel stuitte, las ik de details niet eens meer.

Maar de verhoudingen binnen de familie werden vanaf dat moment steeds slechter. Mijn vriend, die toen echt niet meer was dan dat, viel niet bij mijn familie in de smaak. Ik was nog altijd een nietsnut, er stonden nog steeds slechte cijfers op mijn rapport. En ik trok ook nog eens op met een nietsnut.

Op een goede dag moet ik net als alle andere meisjes verliefd zijn geworden. Daar was ik aan toe, maar tegelijkertijd was ik er bang voor. Liefde is belangrijk, vooral als je zeventien bent. En op die leeftijd heb ik de sprong gewaagd. Tot dan toe hadden we alleen gepraat, eindeloos gepraat en gekibbeld als kleine kinderen. Ik was net zo'n stijfkop als hij, maar meestal was ik toch degene die inbond.

Ik had hem nog niet verteld dat ik hem graag mocht, ook al straalde ik dat uit als een vuurtoren in de nacht en was het op kilometers afstand te zien. Net als iedereen kende hij mijn geschiedenis, maar we hadden het er niet vaak over. Het was voor ons allebei de 'eerste keer', de liefde voor mij, de ervaring voor hem.

Ik heb de moed gehad om als eerste over mijn angsten te beginnen: 'Je zult wel vermoeden dat dit een moeilijke stap is in mijn leven, het zal niet gemakkelijk gaan.' Hij zei dat hij er ook niet veel van wist... en toen kon ik erom lachen: 'Te gek, dan beginnen we er allebei even onnozel aan!'

En het ging goed. Ik slaagde erin de metershoge blokkade te doorbreken die mijn jongevrouwenleven voor lange tijd dreigde te vergallen. En alleen liefde kon me die bevrijding schenken.

Het was geen romance die het eeuwig leven was beschoren, maar ik maakte de fout dat wel een tijdlang te denken. Ik heb toen dus ook voor het eerst liefdesverdriet gehad. Groot verdriet.

Dat hoort nu eenmaal bij dat soort ervaringen.

Maar van het begin tot het einde was het tenminste wel liefde en ik gaf me er vrijwillig aan over! Hij, de psychopaat, heeft nooit liefde gekend. Hij weet niet eens dat het bestaat.

Aan het einde van de middelbare school had ik mijn diploma op zak, maar er was geen sprake van dat ik zou gaan studeren. De financiën van mijn moeder stonden dat niet toe. En dus zette ik zoals zoveel meisjes van mijn leeftijd mijn eerste schreden op het pad van het werkzame leven. Ik baande me een weg met stages en slechtbetaalde baantjes totdat ik werk vond waarmee ik niet meer dan het minimumloon verdiende, maar dat wel vast was. Aangezien de sfeer binnen het gezin ondertussen zo slecht was geworden dat die het kritieke punt had bereikt en niet meer te verdragen was, besloot ik op een dag de deur definitief en met een harde klap achter me dicht te trekken. Mijn knuffels en illusies liet ik achter, maar mijn 'grote mond' nam ik mee om elders een bestaan op te bouwen. Als ik die 'grote mond' niet had gehad, weet ik niet hoe ik het zou hebben overleefd. Waarschijnlijk nauwelijks.

Uiteindelijk voelt het goed om de deur achter je kinderjaren dicht te trekken. Wat daarachter allemaal is gebeurd, vergeet je niet gauw, maar het voordeel is dat je er niet meer achter zit opgesloten. Telkens als ik mijn neus stoot, dwing ik mezelf te denken dat 'het' niet erger kan zijn dan 'dat' wat ik al heb meegemaakt. Door uit dat rattenhol te komen heb ik denk ik stapje voor stapje geleerd positief over mezelf te denken. Door mezelf voor te houden: je bent sterk en moedig geweest, je hebt tegen jezelf gezegd: 'Hou vol, zolang je in leven bent is het de moeite waard', en je bent in leven gebleven.

Toen hoopte ik iedere dag maar dat ik er de volgende dag nog zou zijn. Na die beproeving ben ik zeker harder geworden. Sommige mensen zullen van mening zijn dat dit negatief is, maar ik vind het goed, ik spot met het leven. Ik heb me zelfs een vorm van zwarte humor eigen gemaakt die veel mensen schokkend vinden. Maar dankzij die humor kan ik wel om bepaalde gruwelen lachen, zelfs om de 'meest perverse psychopaat van België'. Ik wilde niet opgeven en heb me acht jaar lang aan de weddenschap met mezelf gehouden. Ik denk dat je boven jezelf moet uitstijgen om zin te geven aan het leven, en vooral dat je iedere kans om dat te doen met beide handen moet aangrijpen. Als ik op mijn twaalfde, toen ik uit die klauwen was bevrijd, was ingestort, had ik dat cruciale moment gemist. En op mijn twintigste stond me het proces te wachten, nog zo'n cruciaal moment.

Ik wilde hem in de ogen kijken, iets wat me op mijn twaalfde was geweigerd.

d. de duivel

Mr. Rivière had me twee keer ontmoet toen ik twaalf was. Mij stond dat niet meer bij.

Ik wist ook niet en kon ook niet weten dat hij daarvóór, toen hij nog niet met mijn dossier was belast, als vrijwilliger had meegedaan aan de zoektochten. Hij had de rijkswachters voorgesteld om op zijn motor tussen de verkeersknooppunten in de buurt van het huis te patrouilleren, om de kruipruimtes te onderzoeken waar zich vaak verslaafden en randfiguren schuilhielden. Toen ik op mijn achttiende meerderjarig werd heeft hij me uitgenodigd naar zijn kantoor te komen om zijn mandaat te bevestigen. Vanaf dat moment moest ik beslissen of ik de lijn wilde blijven volgen die hij mijn ouders had aangeraden: geen pers en zo weinig mogelijk ruchtbaarheid geven aan mijn privé-leven. Voor mij was het duidelijk. Ik was geen kind meer. Voortaan zou hij zich direct tot mij wenden en me op de hoogte houden, wat tot dan toe niet het geval was geweest. Soms had ik staan stampvoeten van frustratie als mijn ouders terugkwamen van een bespreking op zijn kantoor en me niets vertelden. Naar mijn mening ging de zaak toch vooral mij aan.

Over de ontwikkeling van het onderzoek wist ik niet veel. Met name niet dat er een nieuwe theorie was opgedoken: die Dutroux, 'd. de duivel', zou deel uitmaken van een groot netwerk dat kinderen en jonge meisjes wierf voor prostitutie, en waarvan hij niet meer dan een ervaren leverancier was. Voortaan waren er twee kampen.

Sommige mensen waren er heilig van overtuigd dat het onderzoek rampzalig was verlopen, dat het was gesaboteerd, en dat 'd. de duivel' jarenlang de bescherming had genoten van hooggeplaatste personen. Afgezien van de schrielhannes met de pet, Lelièvre genaamd, en zijn eigen vrouw Michèle Martin, had hij inderdaad nog twee andere medeplichtigen aangewezen: Weinstein en Nihoul. Weinstein, een voormalige overvaller die in Frankrijk in de gevangenis had gezeten, had in 1992 in België een chalet in Jumet betrokken. De plek waar de lichamen zijn aangetroffen van An en Eefje, die verdoofd en levend waren begraven.

Om de relatie tussen de twee mannen duidelijker te maken: ze stalen samen auto's. 'd. de duivel' beschuldigde hem van alles. Het was Weinstein die de twee meisjes van kant had willen maken, hijzelf zou ze alleen maar hebben 'verdoofd' voordat Weinstein ze levend begroef. Die Weinstein leeft inmiddels niet meer. Zijn lichaam is aangetroffen in Sars-la-Buissière, in de tuin van Dutroux, waar ook de twee kleine meisjes, Julie en Mélissa, begraven lagen. Wie had Weinstein uit de weg geruimd? Dutroux zwoer dat hij van niets wist...

De andere medeplichtige die hij aanwees, Nihoul, was nog wel in leven en hij was bij de autodiefstallen betrokken, maar Dutroux verklaarde dat hij zijn prooien aan hem moest overdragen, nadat hij zich daar eerst zelf aan te buiten was gegaan! Hij beweerde ook dat hij de bergplaats in zijn huis in Marcinelle had gebouwd, het tussenstation waarin hij de meisjes opsloot voordat ze als toekomstige hoeren aan Nihoul werden overgedragen. Deze Nihoul was volgens de onderzoekers zeker een sjacheraar, maar hij zwoer dat hij met de pedofiele activiteiten van zijn kompaan nooit iets te maken had gehad.

Volgens de onderzoekers van het eerste uur, onder wie Michel Demoulin en zijn collega's, mijn ware redders in de nood, hield dat verhaal geen stand.

En ik, de getuige die het had overleefd, kon alleen vertellen wat ik die tachtig dagen en evenzoveel nachten had meegemaakt. Ik had alleen Dutroux gezien. Niemand anders. Lelièvre had wel meegewerkt aan mijn ontvoering, ik had hem mompelend en zonder veel overtuiging en details het scenario van die perverse vent horen bevestigen, dat mijn vader een belangrijke chef kwaad zou hebben gedaan en weigerde losgeld te betalen. Punt. Nihoul kende ik niet. Dat verhaal over de chef was alleen bedoeld om me angst aan te jagen, om me ervan te overtuigen dat hij, Dutroux, mijn reddende engel was, en om ervoor te zorgen dat ik me uit angst helemaal aan hem zou onderwerpen. Ik zou sterven als ik weigerde me te laten verkrachten, ik zou sterven als ik kabaal maakte. Ik leefde voortdurend met het idee dat het elk moment met me gedaan kon zijn. Maar natuurlijk heeft niemand ooit losgeld gevraagd.

Tegen Laetitia heeft hij hetzelfde argument aangevoerd, en de kans is groot dat hij met de kleine meisjes Julie en Mélissa hetzelfde spelletje heeft gespeeld. Maar met An en Eefje, die ouder waren, kon hij die truc niet uithalen. Ten eerste sprak hij hun taal niet – zij spraken Nederlands – en bovendien heeft Eefje tot twee keer toe, maar helaas zonder succes, geprobeerd te ontsnappen door het dakraam waaronder hij me liet 'zonnen'.

Dat bewijst dat hij die arme Eefje geestelijk niet in zijn macht had. Dutroux heeft zelf verklaard dat hij er op dat moment 'vier in huis had, de twee kleintjes in de bergplaats, de twee grote boven', en dat hij niet meer wist 'hoe hij het moest redden'.

Hield de schoft zich soms voor een huisvader die het moeilijk had?

Over de in mijn ogen belangrijkste medeplichtige, zijn vrouw, die tegelijkertijd met hem is gearresteerd, bestond bij het onderzoeksteam geen enkele twijfel. Ze had bekend, ze wist alles van de ontvoeringen, de verkrachtingen en de rest, maar ze had hem niet aangegeven omdat ze bij hem onder de duim zat en bang voor hem was. Ze beschuldigde haar 'grote liefde' van alles wat hij weigerde te bekennen. Volgens haar was hij samen met Lelièvre verantwoordelijk voor de ontvoeringen, en had hij Weinstein en de twee meisjes van kant gemaakt. Ze gaf toe dat ze bang was geweest om naar de bergplaats te gaan om de twee jonge meisjes eten te brengen, toen Dutroux vastzat wegens autodiefstal, maar hoe en wanneer ze waren gestorven, wist ze niet!

Die details vernam ik stukje bij beetje. Dat kwam

vooral doordat 'd. de duivel' zijn verhaal steeds weer veranderde.

Alles was zo ingewikkeld, zo vaag, dat het duidelijk was dat Dutroux zijn huid probeerde te redden en de misdaden ontkende onder het voorwendsel dat er een netwerk bestond. Bovendien was hij, toen hij in de jaren tachtig in de gevangenis zat wegens verkrachting van minderjarigen, ook al met zo'n soort verhaal op de proppen gekomen: 'Onterecht veroordeeld, slachtoffer van rechterlijk falen, slachtoffer van een intrige, bekokstoofd door mensen die te gevaarlijk zijn om te verraden...' Enzovoort. Want die duivel had al een straf uitgezeten. In 1989 was hij tot dertien jaar veroordeeld wegens verkrachting van kinderen en jonge meisjes. Maar toen hij er nog maar de helft van zijn straf op had zitten, was het hem gelukt om op grond van 'goed gedrag' in april 1992 vrij te komen, met de verplichting dat hij, en ook zijn vrouw (die toen al medeplichtig was aan de verkrachtingen), zich onder behandeling van een psychiater zouden stellen. De behandeling bestond uit wat korte huisbezoekjes, en allebei regelmatig een receptje voor Rohypnol.* Die slikte hij echter niet. Daar legde hij onmiddellijk een voorraad van aan, duidelijk met het doel die ergens anders voor te gebruiken. Een ander belangrijk detail: in de gevangenis had 'd. de duivel' iemand leren kennen die veroordeeld was wegens diefstal en die hem had uitgelegd hoe hij een

* Angstgevoel verminderend middel (benzodiazepine) met een kalmerende werking dat met name wordt gegeven aan patiënten die lijden aan aanvallen van waanzin.

onzichtbare 'bergplaats' kon bouwen voor het geval er ooit huiszoeking bij hem zou worden verricht. Daar heeft die man een getuigenis over afgelegd.

Maar voor anderen vormde alles wat de pedofiel vertelde het bewijs dat er een groot netwerk bestond waarvan hij slechts een klein schakeltje was.

In 2003 kwam het proces steeds dichterbij. Ik wilde maar één ding: me afzijdig houden van alles betreffende deze zaak wat niet met mij te maken had, ook wel de verschillende 'stappen' van het onderzoek genoemd. Maar ik wilde wel getuigen over wat ik had meegemaakt en doorstaan. Hij mocht er niet te makkelijk van afkomen.

Maar bepaalde media en aanhangers van die beroemde netwerktheorie probeerden al bij voorbaat de getuigenis die ik me voorgenomen had af te leggen, onderuit te halen. Er werd beweerd dat ik voortdurend gedrogeerd was geweest, dat ik me waarschijnlijk niets kon herinneren. Dat ik daar een vegeterend wezen was geworden dat zich nergens van bewust was en dat ik dat waarschijnlijk nog altijd was...

'Weet je zeker dat je alleen hem hebt gezien?' Op een toon van: als je dat van dat solitaire roofdier gelooft, begrijp je er helemaal niets van!

Mijn advocaat, mr. Rivière, had een verklaring over mij van de procureur des konings opgediept: '... om er nu van uit te gaan dat ze zich alles herinnert, overal in dit dossier kom je Rohypnol tegen...' Aangezien dat van de toekomstige openbaar aanklager afkomstig was, was het heel verontrustend en vernederend voor mij. Aanvankelijk was hij in mijn getuigenis geïnteresseerd, maar omdat ik volhield dat ik tijdens die tachtig dagen in mijn rattenhol alleen de verdachte had gezien, en één keer zijn handlanger, maar verder niemand, had hij ineens minder belangstelling voor me.

Mr. Rivière heeft me in de pers verdedigd en verklaard dat ik behalve de eerste drie dagen niet gedrogeerd ben geweest. Hij was degene die de vragen van de journalisten beantwoordde, ik gaf nooit interviews. Ik heb alleen met de leden van het onderzoeksteam gesproken. Afgezien van de eerste verhoren is de enige bijdrage die ik aan het onderzoeksdossier heb geleverd, dat ik samen met mijn rijkswachter 'Zorro', Michel Demoulin, op de fiets het traject van ons huis naar school nog een keer heb afgelegd. Die reconstructie was nodig voor het onderzoek, en werd gelukkig gehouden zonder dat de verdachte erbij aanwezig was.

Ik weet nog dat we allebei heel erg moesten lachen toen we langs een bestelbusje met het opschrift 'Au roi du poulet' fietsten... De foto die een plaatselijke krant die dag heeft genomen, heb ik bewaard. Er stond bij vermeld dat alles heel ontspannen was verlopen en dat ik flink had doorgetrapt! Maar vanaf mijn twaalfde heeft daarna geen enkele journalist me meer gezien!

Nu zei mijn advocaat echter tegen me: 'Je moet de pers te woord staan! Jij moet hun uitleggen dat je niet vierentwintig uur per dag gedrogeerd was. En dat je geheugen prima is.'

Toen heeft hij dus op zijn kantoor een persconferentie belegd met tien journalisten van de schrijvende pers. Ik was een beetje bang voor die eerste confrontatie, ook al zou die niet worden gefilmd. Voor het eerst van mijn leven zou ik tegenover journalisten zitten. De bijeenkomst was eenvoudig en informeel, ik was algauw over mijn zenuwen heen en samen hebben we wat broodjes gegeten en een glas gedronken. Ze zagen me grapjes maken en lachen. Ik heb zelfs aan mijn advocaat gevraagd: 'Waar zijn de broodjes met Rohypnol? Afblijven, die zijn van mij!'

Kortom, ze merkten dat er niets met me aan de hand was en dat ik hun vragen duidelijk beantwoordde. Ik leek helemaal niet op een halvegare, zoals sommige mensen hun wilden doen geloven, en als er nog iemand anders aanwezig was geweest in dat smerige huis in Marcinelle, dan zou ik dat zeker hebben gemerkt, omdat ik alles opmerkte wat er maar op te merken viel. En ik zou het onmiddellijk hebben gezegd!

Maar zoals mijn advocaat en ik tegen elkaar zeiden: 'Als ze niets weten, verzinnen ze wel wat.' Omdat ik niet met journalisten praatte, wat anderen op dat moment wel vaak deden, en doordat mr. Rivière zich in verband met de zaak strikt aan zijn zwijgplicht hield, wilde men iedereen doen geloven dat ik was gedrogeerd of gemanipuleerd. De manier waarop al bij voorbaat een verkeerde uitleg werd gegeven aan mijn getuigenis heeft me enorm gekwetst. De mensen die aan het onderzoek werkten, Michel Demoulin en zijn collega's, twee mannen voor wie ik een geweldig respect heb omdat ze ons hebben bevrijd en zo gewetensvol te werk gingen, hebben mijn verklaringen nooit in twijfel getrokken. Zij hadden me opgevangen toen ik uit de bergplaats was gekomen, zij wisten heel goed hoe het toen met me was gesteld. Gechoqueerd – dat zou iedereen zijn geweest, ook als er iets minder ergs was gebeurd – maar zo helder dat ik die pedofiel naar de keel had willen vliegen! Laetitia had er zes dagen gezeten, waarvan drie 'beneveld', zoals ik had verklaard. Omdat ik tweeënhalve maand had vastgezeten, was het logisch dat ik me meer herinnerde dan zij. Maar sinds de 'aardbeving' die de zaak van de eeuw in België teweeg had gebracht, zoals het in de pers werd genoemd, leek jan en alleman een eigen mening over het onderwerp te hebben. Op straat, in cafés, in de trein of in de metro werd nergens anders meer over gepraat. Journalisten en schrijvers hadden er al meer dan vijftien boeken over gepubliceerd. Mijn ouders hadden een meterslang archief aangelegd van de krantenberichten – die had ik zelf in dozen gestopt, zonder de moed te hebben ze te lezen en te schiften. Ik had genoeg aan mijn eigen verhaal en de herinneringen die soms meedogenloos opdoken in mijn hoofd. Ik wilde vasthouden aan de lijn die ik had uitgestippeld om er weer bovenop te komen. Mijn eigen leven leiden, en me niet bezighouden met de rest, of in elk geval zo min mogelijk.

Toen de datum van het proces eindelijk definitief was vastgesteld op 1 maart 2004, wist ik dat ik me weer zou moeten onderdompelen in die misselijkmakende modderpoel. De opzet van het proces was een paar keer bijgesteld, omdat het onderzoek telkens weer een opleving kende als bepaalde sporen opnieuw werden gevolgd of juist losgelaten. Vierhonderdduizend pagina's aan processtukken, onderzoekscommissies, het ontslag van rechter Connerotte, leden van het onderzoeksteam die van de zaak waren gehaald, onder wie zelfs

Michel Demoulin, die ons levend had gevonden en de eerste bekentenissen van het 'monster van Charleroi' had losgekregen. Politici die hadden moeten opstappen, het justitiële apparaat, de rijkswacht en de regering die ter discussie werden gesteld. De toenmalige minister van Justitie die ervan werd beschuldigd de voorwaardelijke vrijlating van het monster in 1992 te hebben bekrachtigd. De storm van protest van de Witte Mars, het onderzoek naar het onderzoek, jarenlange twijfel.

Kortom, België hoopte dat de waarheid boven water zou komen, ook al was dat wat naïef, gezien het feit dat het om een psychopaat ging.

Ik zag als een berg tegen de zaak op, en voelde me piepklein en verloren.

Ik weet niet wat Laetitia voelde. Ik had de indruk, en in zekere zin terecht, dat wanneer er over de ouders van de slachtoffers werd gesproken, ze het eigenlijk over de slachtoffers zelf hadden. Dat gaf me het gevoel dat ik op een bepaalde manier niet thuishoorde in dat verhaal, omdat ik het had overleefd.

Het Hof zou in Aarlen zitting houden. Dat had te maken met territoriale competentie, het onderzoek was vanuit Neufchâteau geleid en dat viel onder Aarlen. De rechtszaal van het Hof van Assisen bood niet veel plaats. Afgezien van de journalisten en de vier verdachten – 'd. de duivel', zijn echtgenote Martin, Lelièvre en Nihoul – konden er niet veel mensen in.

De minister van Justitie had verklaard dat de organisatie van dit gigantische mediacircus exorbitant veel kostte, iets van vierenhalf miljoen euro. De stad bereidde zich erop voor duizenden journalisten uit de hele wereld te ontvangen. Er hadden zich er meer dan dertienhonderd aangemeld voor de zestien stoelen die voor hen in de rechtszaal beschikbaar waren. Daar zouden ze om de beurt kunnen gaan zitten. Maar er werd voor hen ook een zaal ingericht met videoschermen, zodat ze het proces, dat aanvankelijk slechts twee maanden zou duren, maar dat pas op 22 juni werd afgesloten, de hele tijd zouden kunnen volgen. De benadeelde partijen hadden recht op gratis onderdak in een militaire kazerne. Mijn advocaat had voor mij, zijn medewerkster mr. Parisse en zichzelf de voorkeur gegeven aan een onderkomen dat wat meer privacy bood. Een maatregel die mij goed beviel, vooral omdat ik de fotografen op afstand wilde houden. En er waren meer dan driehonderd politiemannen op de been om de veiligheid te bewaken.

Die grote drukte in zo'n klein stadje was imposant. Ik was blij dat het publiek het proces alleen in de rechtszaal kon volgen, terwijl de mensen al van tevoren klaagden dat ze daar niet in konden.

Mr. Rivière had bedacht dat mijn getuigenis in twee afzonderlijke delen zou plaatsvinden. Iemand van het onderzoeksteam zou mijn brieven voorlezen om te voorkomen dat ik gedetailleerde antwoorden zou moeten geven op vragen over de beproevingen die ik al had beschreven. Daarna zou ik direct voor het Hof getuigen over de omstandigheden waarin ik was ontvoerd en over mijn 'vakantie' in het hok van 'd. de duivel'. Het enige wat nog moest worden besloten was of ik achter gesloten deuren zou getuigen. Dat had ik liever gedaan, maar mr. Rivière had me voorgehouden: 'Zodra de juryleden de inhoud van je brieven kennen, hoef je niet meer op die smerige details terug te komen. Als de brieven zijn voorgelezen, weten ze genoeg. Maar als je ervoor kiest achter gesloten deuren te getuigen, zal men denken dat je iets hebt te verbergen.'

Ik heb er dus voor gekozen om mijn getuigenis in het openbaar af te leggen. Ik mocht alleen de zittingen bijwonen die betrekking hadden op mij. Mr. Jean-Philippe Rivière en mr. Céline Parisse zouden het verdere verloop van het proces voor me volgen en me op de hoogte houden van de ontwikkelingen. Pas nadat ik als getuige was opgeroepen kon ik me als benadeelde partij voegen. Als mijn getuigenis eenmaal door het Hof was gehoord, had ik alle vrijheid om de daaropvolgende zittingen bij te wonen.

Tot 19 april 2004 heb ik gespannen en opgewonden gewacht op het moment dat ik persoonlijk moest getuigen. Ondertussen werd ik via de telefoon op de hoogte gehouden. En zodoende heb ik allerlei verwarrende, soms krankzinnige dingen vernomen over mijn persoonlijke folteraar.

Een van de rechercheurs verklaarde dat hij had geprobeerd zijn vrouw kunstmatig te insemineren. Volslagen krankzinnig. Hij wilde zo graag een dochtertje dat hij op basis van een artikel dat hij had gelezen, een techniek bedacht die erop neerkwam dat zijn vrouw de inhoud van zijn seksuele kapitaal, dat in een plastic zakje zat, een paar dagen achter elkaar inwendig moest dragen. Pas na een termijn die hij geloof ik op vier dagen had gesteld, mocht ze zich daarvan ontdoen. Hij meende namelijk uit dat populair-wetenschappelijke artikel te hebben opgemaakt dat spermatozoïden die voor jongetjes zouden zorgen eerder stierven dan spermatozoïden die meisjes opleverden... Geen idee wat wetenschappers daarvan vinden.

Een van zijn andere wandaden, minder wetenschappelijk, maar even berekenend, was dat hij met de hulp van zijn vrouw, met wie hij in de gevangenis was getrouwd, zijn oude, zieke grootmoeder van haar huis en inkomsten had beroofd.

Dat was toen hij nog vastzat in Bergen vanwege verkrachtingen, en verlof had gekregen.

Toen hij eenmaal was vrijgelaten wegens 'goed gedrag' na een positief oordeel van het bestuur van het gevangeniswezen, heeft hij een invaliditeitsvergoeding aangevraagd onder het voorwendsel dat hij in de gevangenis ziek was geworden. Die kreeg hij. Achthonderd euro per maand, betaald door de staat.

Als je niet meer dan het minimumloon verdient, is dat om razend van te worden.

Een ex-gedetineerde die in de gevangenis van Bergen had gezeten, heeft ooit tegen een journalist gezegd: 'Het is een worm!'

Dat doet me goed. Een worm, een monster, een sadist, een pedofiel, een psychopaat... Ze wisten niet meer hoe ze hem moesten noemen.

Voor mij was hij in de eerste plaats een smeerlap en stinkerd, glibberig als frituurvet, als al mijn andere scheldwoorden waren uitgeput. Ik heb vernomen dat hij nog steeds stinkt. Hij beklaagde zich over de omstandigheden van zijn detentie! Hij heeft zijn hoofd tegen de muur geslagen om medelijden te wekken! Hij heeft in het bijzijn van de ouders van de slachtoffers de meest afschuwelijke details beschreven. Hij bleef de rol van miserabele ster spelen, helemaal alleen, belachelijk en navrant, zonder respect voor anderen, en zonder ook maar een spoortje van schuldgevoel of spijt te tonen.

Ik vond een cel voor hem alleen met spullen om zich te wassen, waar hij te eten kreeg en de mogelijkheid had 'zijn' dossier in te zien, veel te veel luxe. Ik zag hem liever in een kerker. Helemaal donker, met een lamp die fel in zijn gezicht schijnt, slapend op het beton, een ruimte van niet meer dan één meter negentig bij negentig centimeter. Net niet hoog genoeg om er te kunnen staan. Beschimmeld brood en een toiletemmer.

Maar dat zijn dingen waar je alleen maar van kunt dromen...

Op 15 april 2004 heeft een lid van het onderzoeksteam de juryleden de brieven voorgelezen die ik aan mijn familie had geschreven, en de brief die speciaal voor mijn moeder bestemd was. Mijn twee raadgevers wilden het me besparen dat ik later tijdens mijn getuigenverklaring zou moeten terugkomen op die smerige details en die pijnlijke ontboezemingen. Ik had me van tevoren niet echt gerealiseerd wat voor impact die zouden hebben. Het werd stil in de rechtszaal, sommige mensen huilden. Op twaalfjarige leeftijd had ik in al mijn onschuld de 'lijdenskamer', de mishandelingen en de pijn uitgebreid voor mijn moeder beschreven, en het was vreselijk om daarnaar te luisteren, maar de juryleden moesten het horen.

Na die zitting verklaarde mr. Rivière tegen de pers:

'Nu we aan het dossier over de "levende slachtoffers" van Marc Dutroux zijn begonnen, zijn we op het keerpunt van het proces aanbeland. Het zal moeilijker worden om die verantwoordelijkheden af te wentelen op spoken en waanbeelden.'

Als ik in de loop van de acht jaar die het onderzoek heeft geduurd, gestorven zou zijn, als ik was overleden voordat het eindelijk tot een proces was gekomen, zouden die brieven voor mij hebben gesproken, bedacht ik me die dag.

Gelukkig was ik er nog, een slachtoffer, zeker, maar ook 'een levende getuige'.

Puzzel

Het proces was een enorme puzzel tegen een zwarte achtergrond, waarvan ik de even zwarte stukjes van de tachtig dagen die ik had overleefd in dat hok in Marcinelle, op de juiste plek moest leggen. Niet iedereen was blij met het feit dat ik zou getuigen. Ik hoorde dat sommigen zich wat minachtend hadden uitgelaten over de betiteling 'getuige'. 'Mevrouw Dardenne, de "getuige" zoals ze tegenwoordig wordt genoemd', of 'van wie nu gezegd wordt dat ze de "levende getuige" van de zaak is'.

Ik begrijp het verdriet van degenen die hun kinderen niet levend hebben teruggevonden. Maar ik had er grote moeite mee om te begrijpen dat me in zekere zin werd verweten dat ik nog wel in leven was... of dat mijn advocaat me 'mevrouw Dardenne' noemde, en niet 'de kleine Sabine'.

Ik was geen klein, dood meisje. Ik was twintig en ik was in leven, ik kon me toch niet eeuwig blijven verontschuldigen? Of mijn mond blijven houden over wat ik had meegemaakt? Ik geloofde niet in dat fantastische verhaal over het grote netwerk dat die lafaard iedereen wilde doen geloven, en dat standpunt werd me door bepaalde benadeelde partijen niet in dank afgenomen. Soms zei ik tegen mezelf dat sommige ouders niet zo radeloos zouden zijn geweest als het volgens de wet was toegestaan om die pathologische leugenaar een waarheidsserum toe te dienen. Bovendien zou dit monsterlijke proces dan ook wat rustiger zijn verlopen.

Mijn ouders behoorden zelf tot de benadeelde partijen, maar ik had niet gewild dat mijn familie bij het proces aanwezig zou zijn. Ik had behoefte aan rust, en zij ook.

De avond voor mijn getuigenis ben ik naar Aarlen gegaan en heb ik met een hoofd vol vragen mijn advocaten opgezocht. Gespannen als een veer.

Zou ik tegen de voorzitter van het Hof mogen zeggen: 'Dat weet ik niet meer', als hij een vraag zou stellen over een detail? Zou die voorzitter zich welwillend opstellen? En als ik iets niet meer wist, zouden ze dan niet denken dat ik gek was?

We hadden ons geïnstalleerd in een hotel buiten de stad, midden in een prachtig park. Mr. Rivière had voor zichzelf, mr. Parisse en mij een rustige plek uitgezocht. Mr. Céline Parisse had geregeld dat ze een kamer vlak bij de mijne had voor het geval ik te bang zou worden, want ik moest slapen en vooral ophouden hun tien vragen tegelijk te stellen. Ze hebben me een glas witte wijn gegeven als medicijn en omdat ik nooit dronk, lukte het me uiteindelijk me te ontspannen.

Voor het hotel stond een busje van de rijkswacht. De journalisten wisten niet waar we zaten. Het personeel van het hotel was op de hoogte, maar gedroeg zich discreet. Ik kon gerust zijn.

Ik was niet echt bang voor het moment waar ik jaren op had gewacht. Ik wilde dat monster recht in de ogen kijken. Voordat ik insliep, vroeg ik me alleen af of ik iets zou voelen, en wat dan. Ik dacht niet dat ik in tranen zou uitbarsten of over mijn hele lichaam zou gaan beven, ik was niet meer bang voor hem. Ik had hem al op tv gezien in zijn glazen kooi, in zijn pak, met zijn vette haren en met zijn houding van een griffier die aantekeningen maakt.

Op dat moment hing hij nog de 'ster' uit, beklaagde hij zich over de 'omstandigheden van zijn detentie', en stond hij niet toe dat er een foto van 'meneer Dutroux' werd gemaakt, terwijl hijzelf kleine, naakte, vastgeketende meisjes had gefotografeerd, en zijn prestaties als verkrachter van jonge meisjes die hij ergens in Slowakije had gedrogeerd, op film had vastgelegd, net als zijn geravot met zijn vrouw.

Uiteindelijk heb ik toch goed geslapen.

De volgende dag kwam een commissaris van de rijkswacht me in een anonieme auto ophalen. De journalisten wisten hoe de auto's van mijn advocaten eruitzagen. Mr. Rivière is op eigen gelegenheid gegaan, mr. Parisse ging met mij mee – ze zou me niet meer alleen laten tot ik de rechtszaal binnenging en daar ben ik haar nog altijd dankbaar voor. De auto reed met hoge snelheid en aangezien er veel verkeer op de weg was, heeft de commissaris, een jonge vrouw van rond de dertig, de sirene aangedaan om tussen de files door te kunnen rijden. Het zwaailicht, de tweetonige sirene, ik dacht dat ik in een politiefilm zat, en zoals gewoonlijk kletste ik honderduit, waarschijnlijk om de zenuwen voor die dag die zwaar beloofde te worden, de kop in te drukken.

Toen we bij het Hof van Aarlen aankwamen, moesten we om ons te beschermen tegen de blikken van nieuwsgierige kijkers via de achteringang naar binnen, net als de verdachten, de belangrijke getuigen, de leden van het onderzoeksteam en de magistraten.

Ik had nog nooit een voet in een paleis van justitie gezet, en ik merkte alles op, het beveiligingspoortje dat begon te piepen, mijn tas die werd doorzocht – geen mes of pistool, alleen sigaretten en aanstekers.

Ik zag André Colin weer, een van de rechercheurs die mij uit de bergplaats had gehaald. Ik had hem acht jaar niet gezien, maar herkende hem moeiteloos. Het was echt fijn om hem weer tegen te komen. Hij vroeg me zachtjes: 'Gaat het?'

'Voorlopig wel, later zien we wel weer…'

Ik lachte en maakte nog steeds grapjes. Ik weet dat het niet meer dan een façade was, en dat je je emoties niet altijd kunt wegstoppen, maar voor mij was het een manier om me waardig op te stellen, zowel tegenover mezelf als tegenover de anderen. Daarna moest ik naar het getuigenvertrek, waar ik gezelschap kreeg van de twee psychiaters, een psycholoog en de onderzoeksrechter van Doornik. Ze zullen wel tegen zichzelf hebben gezegd: we hadden niet gedacht dat ze zo zou zijn…

Ik maakte grapjes met de gerechtsbode, Jules, een lieve opa die zich om me bekommerde: 'Wil je wat water? Wil je een koekje? Kom, eet een koekje, dat zal je goed doen.'

Ik kreeg er tranen van in mijn ogen, zo aardig was die man. Mr. Parisse moest me alleen laten, ze mocht niet bij de getuigen blijven en het zou niet lang meer duren voordat de zitting begon.

Pas in de gang die naar de rechtszaal leidde, voelde ik me ineens slap worden. Jules had de deur van de zaal op een kier gezet om in de gaten te houden wanneer de getuigen werden opgeroepen, en nu zag ik al die mensen, de pers, de bank voor de benadeelde partijen, het publiek. Ik ben dertig seconden op een stoel gaan zitten. Ik kreeg het plotseling heel warm, en ik zei bij mezelf: ik voel me niet lekker, dadelijk sla ik tegen de grond, het gaat niet goed...

En op dat moment fluisterde Jules: 'Je moet naar binnen.'

Hij heeft me helpen opstaan alsof ik een oud omaatje was en me naar de deur geleid. Ik wist dat ik liep, maar dat gebeurde buiten mijn wil om. Maar toen ik de rechtszaal binnenkwam, hervond ik mijn krachten meteen. Ik was weer gemotiveerd, de beklaagdenbank bevond zich recht tegenover me.

Daar zaten Dutroux, zijn handlanger Lelièvre en de twee anderen die ik alleen op tv had gezien, Michèle Martin en Nihoul. Die laatste interesseerde me niet. Hij leek afwezig, verstard, alsof hij zich afvroeg wat hij daar deed.

Maar de andere drie, gevangen in hun glazen kooi, wilde ik aankijken met een doorborende blik, vooral hem. Een paar seconden daarvoor had ik geen idee gehad wat ik zou voelen als ik hem na acht jaar weer zou zien. Maar vreemd genoeg deed het me niets.

Hij was ouder geworden en hij was nog altijd even lelijk. Toen ik hem aanstaarde sloeg hij zijn ogen neer.

Ik had kunnen zeggen: stakker, kijk me toch aan nu ik er ben...!

Maar ik was in het Hof van Assisen en ik voelde me toch niet op mijn gemak met al die mensen om me heen die zaten te wachten tot ik zou gaan praten. Ik was meer onder de indruk van de rechtszaal dan van de verdachte. Ik wierp een blik op mr. Rivière om hem gerust te stellen en hem duidelijk te maken: wees maar niet bang, ik val niet flauw.

Ik heb niet gehoord dat de voorzitter van het Hof de namen afriep. Gedecideerd liep ik naar de stoel die voor de getuige was gereserveerd en ging zitten.

'Sabine Dardenne?'

'Present!'

De dag erop stond er in de krant dat mijn stem een beetje beefde. Ik voelde me onzeker, dat klopt, vanwege het Hof, de omgeving en al die mensen die me aankeken, maar 's ochtends laat mijn stem het altijd afweten en dan kost het me moeite om duidelijk te praten. Als kind had ik daar al last van. Een probleempje met mijn bronchiën... Mijn stem beefde niet van angst.

Mr. Rivière had tegen me gezegd: 'Richt je tot de voorzitter. Hij stelt de vragen, hem moet je antwoord geven. En als je zelf een vraag wilt stellen, dan moet je je ook tot hem richten.'

Dus ik keek de rechter in de ogen en concentreerde me op hem, om te voorkomen dat ik aan al die blikken zou denken die op me waren gericht. Ik heb mijn personalia opgegeven en toen vroeg de voorzitter vriendelijk: 'Dus u was met de fiets op weg naar school. En wat gebeurde er toen?'

Ik deed mijn verhaal, dat nu gemakkelijker was geworden om te vertellen omdat de brieven al in de rechtszaal waren voorgelezen. De voorzitter vroeg of ik nog op dat onderwerp wilde terugkomen en ik antwoordde: 'Niet speciaal...'

Mr. Rivière nam het woord om me drie vragen te stellen die hij belangrijk achtte: hoe had de verdachte me ertoe gedwongen het huis schoon te maken; of ik met hem televisie had gekeken, en wat voor programma's dat waren, afgezien van *Intervilles* en *Château des Oliviers*.

Mijn antwoord op die laatste vraag herinner ik me nog: 'Canal+, zonder decoder. Ik moest proberen tussen de strepen door te kijken, zei hij. Maar daar had ik geen zin in, het interesseerde me niet, ik had dat zelf al "live" meegemaakt.'

Ik verwachtte dat de voorzitter van het Hof zoals gebruikelijk zou vragen: 'Hebt u daar nog iets aan toe te voegen?'

Mr. Rivière wist dat ik een vraag in mijn hoofd had. Mijn persoonlijke vraag aan de verdachte. Aangezien het niet bij de voorzitter leek op te komen me het woord te geven, zorgde mr. Rivière ervoor dat ik mijn vraag kon stellen.

Ik keek de verdachte Dutroux aan, terwijl ik mijn vraag zo formuleerde dat hij aan de voorzitter was gericht om me aan de regel te houden, maar ik liet

Dutroux niet los met mijn ogen. Mijn vraag was alleen voor hem bestemd: 'Ik zou Marc Dutroux één ding willen vragen, ook al weet ik het antwoord eigenlijk al. Hij beklaagde zich erover dat ik stronteigenwijs was. Ik zou graag weten waarom hij me niet uit de weg heeft geruimd.'

Hij kwam achter zijn ruit overeind, maar hield zijn hoofd gebogen. Nog steeds keek hij me niet aan.

'Maar er is geen sprake van geweest dat ik haar uit de weg zou ruimen. Dat hebben ze haar ingefluisterd toen ze eenmaal uit de schuilplaats was.'

Ik richtte me nog steeds tot de voorzitter en concludeerde: 'Van dat soort mensen kun je ook geen ander antwoord verwachten.'

Mijn getuigenis zat erop, de voorzitter van het Hof stond me toe de rechtszaal te verlaten, maar precies op dat moment, toen ik al uit mijn stoel overeind kwam, had ik het gevoel dat een van de verdachten zou opstaan om iets te zeggen. Ik durfde te wedden dat zij het was, de vrouw, de medeplichtige moeder van een gezin en zij was ook inderdaad degene die nederig haar verontschuldigingen wilde aanbieden.

'Mevrouw Dardenne, ik wil u om vergeving vragen...'

Mijn bloed begon te koken.

'U vergeven, terwijl u wist waar ik was, met wie ik was, wat ik te verduren had? Een moeder van een gezin nog wel? Dat heeft me vreselijk gekwetst. Ik vergeef het u niet!'

'Het spijt me dat ik Dutroux niet heb aangegeven toen hij Julie en Mélissa had ontvoerd. Ik vraag u niet me dat te vergeven, want dat is onvergeeflijk. Ik kan me niet voorstellen wat u te verduren hebt gehad, omdat ik me er geen voorstelling van kan maken dat mijn eigen kinderen ooit in een kooi zouden zitten. Ik geef toe dat ik fout ben geweest.'

'Sorry, maar ik vergeef het u niet!'

Door ons om vergeving te vragen – want even later vroeg ze die ook aan Laetitia – probeerde ze zichzelf volgens mij te weren tegen alles wat haar nog boven het hoofd hing.

Ze had altijd alles geweten. In de jaren tachtig was ze vanaf het begin af aan zijn medeplichtige. Hij nam haar in vertrouwen, en zij duldde een psychopaat als vader van haar kinderen. Nu ze in de gevangenis zat en haar kinderen niet meer zag, besefte ze – hoop ik – wat voor monster ze zelf was geweest. Ze had toegestaan dat kinderen van anderen werden verkracht en vermoord, terwijl ze voor zichzelf eiste dat ze haar eigen kinderen mocht zien! Voor haar jongsten had ze een bezoekregeling gekregen, daar hadden haar advocaten voor geknokt! Ik beklaag die kinderen. Ze hebben hun naam moeten veranderen, omdat ze werden uitgescholden, ze zijn ondergebracht bij pleeggezinnen en dragen de verschrikkelijke last met zich mee dat hun vader en moeder criminelen zijn. Hoe durfde ze om vergeving te vragen?

Ik ging opgelucht weg. Voor mij was het voorbij. Ik werd niet meer aan de tand gevoeld. Ik had hem klein gekregen, hij had me niet eens aan durven kijken. Hij had maar wat geantwoord, maar van hem had ik ook geen echte antwoorden verwacht. Zijn advocaten hebben hem ooit gekwalificeerd als een 'immateriële psychopaat'. Rare term, want voor mij was hij juist afschuwelijk materieel! De openbaar aanklager heeft mijn getuigenverklaring afgesloten met de woorden: 'Geen enkel commentaar, geen enkel requisitoir kan ooit een dergelijke getuigenis vervangen. We hebben er nederig en met respect naar geluisterd.'

De dag erop heeft hij tijdens een zitting die ik niet heb bijgewoond, gezegd dat ik bestemd zou zijn geweest voor het netwerk van Nihoul. Ik heb aan de voorzitter gevraagd of de verdachte daarover het een en ander kon uitleggen, dat zou 'aardig' zijn omdat ik 'wat de verdachte had willen zeggen' niet helemaal goed moest hebben begrepen.

Ik hoop dat hij de ironie van het woordje 'aardig' heeft begrepen.

Toen hij antwoord gaf, keek hij nog steeds naar zijn aantekeningen – zijn manier om de anderen niet aan te hoeven kijken.

'Aanvankelijk moest ik haar aan het netwerk van Nihoul geven, maar ik raakte aan haar gehecht...'

De voorzitter onderbrak hem: 'Ik dacht dat zij diende om het gemis van Julie en Mélissa te compenseren?'

En vanaf dat moment gaf 'd. de duivel' zich met zijn monotone en idiote stem over aan de ingewikkelde monoloog van een hypocriete 'draaikont' die voor het Hof onschuldig wil overkomen, iemand die dan wel heeft verkracht, maar niemand heeft vermoord.

'Dus ik moet hem bedanken? Hij heeft mijn leven gered?!'

'Nee, nee, zo heb ik het ook weer niet gezegd, ik heb

me niet altijd even netjes gedragen.'

Waarom had hij me niet uit de weg geruimd? Wilde dat stuk vuil beweren dat hij aan mij gehecht was geraakt? Wilde hij de juryleden manipuleren door hun zoiets schandaligs op de mouw te spelden? Of moest ik, zijn slachtoffer, dat geloven?

Toen was Laetitia aan de beurt. Ze heeft de voorzitter van het Hof gezegd dat ze niet kon zweren 'zonder haat of angst' te praten. Net als ik begon ze haar verhaal te vertellen.

'Ik was naar het zwembad geweest, toen stopte er een busje... De ene vent deed alsof hij me niet begreep en ondertussen tilde de ander me van de grond en laadde me in...'

De voorzitter vroeg haar, toen ze het over de bergplaats had: 'En hoe zaten jullie met z'n tweeën in die bergplaats?'

'Een muur, Sabine, ik en weer een muur.'

'Ja, en indertijd waren jullie jong en mager!'

'Hoe bedoelt u? Ben ik nu dan soms dik?'

Ik schaterde van het lachen. Maar toen een jurylid in mijn ogen een stomme en ongepaste vraag stelde, werd ik woedend: 'U was naar het zwembad geweest, u hebt niet gezwommen omdat u ongesteld was... maar toch beweert u dat hij u heeft verkracht?'

Laetitia schaamde zich en werd heel klein in haar stoel. Ik had graag de microfoon gepakt om die ongelikte beer flink de oren te wassen! Als je belast bent met de taak te oordelen over een psychopaat, een pedofiel, een seksmaniak, stel je zo'n vraag toch niet? Alsof zo'n bijkomstigheid dat monster ergens van zou hebben weerhouden! Ik was Laetitia een week na aanvang van het proces tegengekomen en op dat moment wist ze nog niet of ze wel wilde getuigen. Ik had tegen haar gezegd: 'Het zal moeilijk zijn, maar hou jezelf voor dat die schoft er zelf om heeft gevraagd, je moet komen vertellen wat er met je is gebeurd.'

En ze was er, heel moedig, ze viel hem zelfs aan. Ze wilde van hem weten hoe zwaar hij haar de eerste dagen had gedrogeerd, in hoeverre ze helder was geweest... Haar herinneringen waren vaag en dat vond ze heel vervelend.

'Waarom heeft hij me die koffie helemaal laten opdrinken?'

Met andere woorden, zaten er verdovende middelen in die koffie of niet? Hij antwoordde rustig dat hij de gewoonte had zijn koffie helemaal op te drinken. Dat vond hij normaal, hij hield niet van verspilling! Deze keer loog hij denk ik zowaar eens niet; het was typisch iets voor hem om het vocht van conservenblikjes op te drinken, om de wc door te spoelen met badwater, het brood te laten beschimmelen, zijn tanden niet te poetsen, zijn koffie helemaal op te drinken...

De vragen volgden elkaar meedogenloos op.

'Hij heeft tegen u gezegd: "Het enige wat ik je kan aandoen is dat ik de liefde met je bedrijf"?'

'Ja.'

'Hij heeft u anticonceptiepillen gegeven die over de uiterste houdbaarheidsdatum heen waren?'

'Ja.'

'U bent niet naar een psycholoog geweest?'

'Nee.'

'Blijkbaar hebt u dat ook niet nodig.'

Ik wist niet dat zij het na de affaire ook helemaal in haar eentje had 'gered'.

Toen ik toekeek hoe Laetitia getuigde, en vooral toen ik haar op vragen over details soms 'dat weet ik niet' of 'dat weet ik niet meer' hoorde antwoorden, terwijl ze zich net als ik dapper staande probeerde te houden nu ze recht tegenover dat monster stond, zag ik weer die afschuwelijke beelden voor me van hoe ze vastgeketend was geweest. Ik hoorde haar weer met een slaperige stem antwoorden, toen ik haar had willen waarschuwen: 'Dat heeft hij al gedaan...'

Het was mijn schuld dat ze daar tegenover al die mensen stond, dat ze verplicht was antwoord te geven en te verklaren wat ze had meegemaakt. Ik mocht mezelf dan wel voorhouden dat hij wel een ander zou hebben ontvoerd als hij niet toevallig haar had gepakt, maar ik voelde me beroerd. Ook al deed ik nog zo mijn best, het lukte me niet dat schuldgevoel van me af te zetten. Al op mijn twaalfde – ik geloof dat het tijdens de Witte Mars was – heb ik zo goed als ik kon mijn excuses aangeboden.

'Weet je, ik was helemaal alleen, en naarmate het langer duurde werd ik steeds gekker, ik had niets meer om te doen, dat heb ik je al verteld toen je daar aankwam, ik zat al zevenenzeventig dagen vast met die klootzak, die ik iedere dag, of bijna iedere dag, moest laten begaan. Ik ben nog maar jong, het is nooit bij me opgekomen dat die vent kinderen ontvoerde en dat hij met jou hetzelfde zou doen...'

Maar toen de voorzitter die dag aan de verdachte

vroeg: 'Hebt u Laetitia ontvoerd?', antwoordde hij: 'Sabine bleef maar aan mijn kop zeuren dat ze een vriendinnetje wilde.'

Ik had wel door de grond willen zakken. Zouden ze me dat mijn hele leven blijven inwrijven? Laetitia keek me aan en we maakten een spijtig gebaar van verstandhouding naar elkaar.

Voordat ze zou getuigen, hadden we het met z'n tweeën nog over dat onderwerp gehad. Ik wilde haar niet choqueren, en ook geen zout in de wonden strooien, maar ze moest begrijpen dat ik dankzij haar was gered.

'Eén ding mag je niet vergeten. Ik heb niet het geluk gehad dat er getuigen waren toen hij me van mijn fiets sleurde. Dus als jij er niet was geweest... Toevallig was jij het, dat is heel triest, maar dankzij jouw ontvoering hebben ze mij gevonden. Ik ben in leven, jij bent in leven. Jouw leven heb ik een beetje verknald door om een vriendinnetje te vragen, en dat neem ik mezelf kwalijk, maar ik heb het aan jou en aan de getuigen van je ontvoering te danken dat ik hier nu zit.'

Ik zal me nooit van die last kunnen ontdoen, hoewel ik altijd zal blijven hopen dat zij het me niet kwalijk zal nemen. Toen we bij de uitgang van de rechtszaal stonden, zei ik grappend tegen haar: 'Kijk, er is nog plaats op de beklaagdenbank, als je wilt ga ik daar ook zitten!'

'Welnee. Het is waar dat jij om een vriendinnetje hebt gevraagd, maar als ik het niet was geweest, dan was het wel een ander. Toevallig was ik het, maar de ergste dingen, die heeft híj me aangedaan, en niet jij!'

Later heeft een journalist tijdens een interview

gevraagd: 'Klopt het dat u een goede verstandhouding hebt met Laetitia?'

'Ja, op bepaalde punten die we gemeenschappelijk hebben, voelen we elkaar heel goed aan. We zijn alleen geen vriendinnen die samen op vakantie gaan, en ook geen buurt- of schoolvriendinnen. Laetitia is een vriendin door het lot, een lotgenote.'

Toen Laetitia haar moeilijke getuigenis had afgelegd, wilde de vrouw van Dutroux haar net als mij om vergeving vragen, maar Laetitia kapte haar heel snel af.

'Ik wil uw spijtbetuigingen niet horen, het kwaad is geschied, het is te laat!'

En Dutroux: 'Ik wil mijn nederigste excuses aanbieden... ik ben me bewust van de pijn die ik heb veroorzaakt...'

Het was vermoeiend. Ze konden maar beter hun mond houden. Die vent was toch onbevattelijk voor elk gevoel van schuld, het zou hem een rotzorg zijn dat hij ons kwaad had gedaan, hij gaf geen lor om de kinderen die hij had gekidnapt, had laten sterven, of levend had begraven. Hij wilde alleen 'interessant doen' voor het Hof. Maar ik liet me daar niet door om de tuin leiden.

Ik had niets anders van hem verwacht, hij was trouw aan zichzelf, precies zoals ik me hem herinnerde: ijdel, manipulatief, achterbaks en niet in staat de waarheid te spreken. Toen we na de getuigenis van Laetitia de rechtszaal uitliepen heb ik voor de camera's gezegd – en ik hield me nog in: 'Ik hoop dat-ie stikt in zijn excuses!'

De pers schreef dat ik hem had verslagen, dat ik lef had, karakter had getoond. Dat was mooi, maar ik moest nog wachten op het requisitoir en het vonnis, voordat ik me van die flashbacks kon bevrijden. Bovendien stond ons nog een beproeving te wachten. Het Hof had besloten de juryleden, de advocaten, de getuigen en de verdachten mee te nemen voor een informatieve excursie naar de kelder.

Toen we daar waren, voelde ik me niet goed, hoewel ik had gedacht dat ik er wel tegen zou kunnen.

In Marcinelle maakten Laetitia en ik grapjes. Ze vertrouwde me toe: 'Als er een spin zit, ga ik gillen. Dan moet je je geen zorgen over me maken.'

En ik herinnerde haar aan wat hij zei, telkens als we de trap naar ons hok afliepen: 'De muur niet aanraken! Niet vergeten! Want anders krijg je op je lazer.'

Ik weet niet waarom hij dat zei, altijd over díe muur, terwijl ik alle andere muren wel met mijn handen aanraakte.

'Ja, ja. Dat weet ik nog! Denk je dat de poster van de dinosaurus er nog steeds hangt?'

Ik weet dat Laetitia minder afstand heeft genomen van het verleden en dat mijn zwarte humor haar soms choqueerde. Het lukte haar niet om er op die manier mee om te gaan. Maar we hebben toch gelachen toen we moesten wachten tot we de bergplaats binnen konden. Toen we eenmaal voor dat sinistere huis stonden, achter zeilen die ons beschermden tegen de blikken van nieuwsgierige omstanders, was het anders. We moesten wachten tot iedereen, of bijna iedereen, vóór ons naar binnen was gegaan: de juryleden, de rechters en de andere benadeelde partijen. En toen ik steeds meer mensen met een ontdaan gezicht naar boven zag komen, begon de situatie pas echt goed tot me door te dringen. En ook tot Laetitia.

'Heb je die gezichten gezien?'

Laetitia is vóór mij naar beneden gegaan. En toen ze terugkwam, werd ik bang. Als zij er al zo aan toe was, terwijl ze er maar zes dagen had gezeten, dan zou ik er helemaal niet tegen kunnen. Ik trok lijkbleek weg. Een golf van angst spoelde over me heen.

Samen met mijn twee advocaten ben ik het eerste vertrek in gegaan, daar hield ik me nog goed.

'Het is nog altijd een grote rotzooi in dit krot.'

Ik vroeg me af waarmee ik zou beginnen. Met de slaapkamer of de kelder?

Ik besloot eerst naar de kelder te gaan. Ik ben de trap afgelopen, zonder de muur aan te raken, maar deze keer omdat er een koord was aangebracht voor de mensen die al wat ouder waren.

De trap is vrij smal en heeft twaalf treden, vroeger telde ik die altijd als ik naar beneden ging.

Ik ben in m'n eentje dat rattenhol in gegaan. We hadden er natuurlijk nooit met z'n drieën tegelijk in gekund.

Binnen een seconde had ik het gevoel dat ik weer opgesloten zat, en als in een film zag ik alles weer aan me voorbijtrekken, beeld voor beeld. Ik zag mezelf weer huiswerk maken, mijn brieven schrijven, in paniek raken toen de stroom uitviel, worstelen met de ventilator en de lampen die het niet meer deden. En toen zag ik het teken dat Julie had achtergelaten en dat de rechercheurs hadden omcirkeld. Ik voelde me schuldig dat ik het niet had ontdekt. Als ik het had gezien, zou ik het dan hebben begrepen? Zou ik hem dan vragen hebben gesteld? Ik heb geen idee, maar als ik het had opgemerkt, dan had ik het onderzoeksteam er op 15 augustus op kunnen wijzen.

Het was een piepklein vertrek, en ik vond het nog kleiner, nog benauwender en nog verschrikkelijker dan ik het me herinnerde.

We zijn naar de bovenverdieping gegaan, naar de kamer met het stapelbed. Dat was verroest. De ladder was doorgezaagd, de poster van de dinosaurus hing er niet meer. Dit vertrek leek nu ook kleiner. In de andere slaapkamer was alles hetzelfde gebleven: het bed, de klerenkast, de tafel aan het voeteneinde van het bed, waar die grote puzzel had gelegen waar ik helemaal gek van was geworden. Als ik recht had op wat rust en hij naar die stomme programma's van hem op tv keek, staarde ik naar het plafond of naar die puzzel. Ik had hem twee of drie keer geprobeerd af te maken. Er ontbraken nog maar een paar stukjes. Maar het was een landschap waarvan de kleuren heel erg op elkaar leken met veel groen en grijsblauw, heel moeilijk. Het was nooit bij me opgekomen om te vragen wie eraan was begonnen. Het kan best zijn dat ze er alle vier naar hebben gekeken, voordat ik me erover boog.

Het is me dus nooit gelukt hem af te maken. Op een gegeven moment ergerde me dat zo dat ik hem door elkaar heb gegooid... Ik werd gek van die puzzel, hij was afgrijselijk. Dit hele huis was afgrijselijk, ik moest daar weg en toch lukte me dat niet.

Laetitia kwam weer naar binnen om me te halen, en samen met haar ben ik naar buiten gegaan. Iemand zei tegen me dat ik er op dat moment uitzag alsof ik weer twaalf jaar was. Ik was bedroefd, bleek en woedend, want 'hij' zou met boeien om en in een kogelvrij vest ook een ronde maken door zijn huis in Marcinelle.

Ik wist niet of ik woedend was op mezelf omdat ik zo aangedaan was, of op hem, omdat hij nog steeds het recht had daar rond te lopen, en nog commentaar gaf ook! Hij presteerde het te zeggen: 'Wat een puinzooi hebben ze van mijn huis gemaakt.'

Ik kon er niet meer tegen. Ik zei tegen Laetitia: 'Ik wil hier blijven. Ik hoop dat hij het lef heeft vlak langs ons te lopen en ons eindelijk een keer aan te kijken. Hier is geen glazen kooi...'

Ik ben expres naar hem toe gelopen toen hij langskwam, en staarde hem strak aan. Hij keek naar de grond. En toen heb ik hem voor 'ellendeling' uitgemaakt. Alleen dat woord heb ik tegen hem gezegd, meer niet. Iets anders kon ik niet bedenken.

Ze trokken me bij hem weg. Laetitia zei tegen me: 'Ademhalen, diep ademhalen, ga een luchtje scheppen...'

De celwagens van de rijkswacht, de zeilen en de afzettingen waren er nog steeds. Ik ging op een afstandje staan. Toen ik hem uit dat huis zag komen had ik weer de confrontatie met hem aan willen gaan, me desnoods willen opstellen voor het portier van de auto waar hij in zou stappen. Ik was het zat dat hij zijn ogen neergeslagen hield. Maar dan liep ik het risico dat de voorzitter van het Hof me tot de orde zou roepen, en dat ik weer de aandacht op mezelf zou vestigen. Dus bleef ik staan waar ik stond. Hij liep op een meter afstand voor me langs en dat deed me niets. Ik was sterk, ook al was ik in tranen, in mijn hoofd had ik hem eronder gekregen. Ik was niet bang meer voor hem, het waren het huis, de bergplaats en de slaapkamer die me zo van streek hadden gemaakt.

Alleen bevond de pers zich vlak bij ons in de buurt en de dag erop stond in de kranten alleen dat ene woord: 'Ellendeling.'

Dat had me zo opgelucht. Had ik maar door mogen gaan, hadden ze me maar tekeer laten gaan tegen hem, daar had ik al sinds 15 augustus 1996 zo'n zin in...

Kijk eens wat je hebt gedaan! En moet je jezelf nu eens zien! Ben je nu tevreden? Net als toen ik twaalf was. Ik was nog steeds even razend als toen ik twaalf was. Misschien zou ik zelfs wel het dwaze idee hebben opgevat om te verzoeken het huis samen met hem te mogen bekijken. Zodat het voor eens en altijd tot zijn psychopatenkop zou doordringen dat het voorbij was.

Zie je? Ik ben niet bang, ik bekijk zelfs het huis samen met jou!

Uiteindelijk toch maar niet. Ik denk dat de dappere meid haar krachten dan toch zou hebben overschat.

In zijn pleidooi heeft mr. Rivière geroerd verteld dat ik er als klein meisje en later als tiener zo goed in was geslaagd mijn leven weer op te pakken dat ik het had aangedurfd in de rechtszaal te verschijnen en hem recht in de ogen te kijken.

'Mevrouw Dardenne wil niet dat u zich dat probeert voor te stellen, maar dat u weet dat ze op zestienjarige leeftijd verliefd was, en dat ze toen heeft moeten uitleggen waarom ze bepaalde dingen weigerde te doen. Het was vernederend om dat aan iemand uit te leggen. En dat ze bepaalde dingen weigerde kwam zeker niet voort uit afkeer van degene van wie ze hield. Maar u stond tussen hen in, Dutroux, met uw bedorven adem, uw stinkende zweetlucht en uw smerige klauwen. En toch bedrijven ze de liefde! Ze bedrijven de liefde, Dutroux! Een ervaring die u nooit hebt gekend. Dat is de wraak van Sabine.'

Aan het eind van het pleidooi had hij het lef te mompelen dat hij 'niet jaloers was', en dat hij me een gelukkig leven toewenste. Wie kon een psychopaat van dat kaliber nog volgen?

Een hof, een aanklager en juryleden.

Het requisitoir was helder, er was geen sprake meer van een vaag netwerk, maar van bendevorming. Van ontvoeringen, verkrachtingen, vrijheidsberovingen, moord en doodslag.

De juryleden moesten 243 vragen met ja of nee beantwoorden.

En er was geen sprake van verzachtende omstandigheden toen de straffen werden uitgesproken. Levenslang, aangevuld met een terbeschikkingstelling aan de regering gedurende tien jaar voor Dutroux.

Hij zou de beker van zijn straf tot en met de laatste druppel moeten leegdrinken, net als zijn koffie.

Zijn vrouw, Michèle Martin: dertig jaar. Lelièvre: vijfentwintig jaar. En vijf jaar voor Nihoul, de laatste verdachte, een sjacheraar, verlinker en dief, die in de ogen van de jury echter niets te maken had met het 'netwerk' waarvan Dutroux hem de schuld met alle geweld in de schoenen had willen schuiven.

De theorie van de rechercheurs van het eerste uur, Michel Demoulin, Lucien Masson, en van de onderzoeksrechter Langlois was eindelijk geaccepteerd. De 'meneer die op me had gepast' was een perverse solist.

Het was voorbij. De verdachten konden stuk voor stuk in cassatie gaan als ze meenden dat ze door het verloop van het proces waren benadeeld.

De perverse solist heeft dat ook gedaan, daar kon je op wachten. Ik heb de strijdbijl dus nog niet begraven. Ik kan niet in het hoofd van een psychopaat kijken, zelfs niet in dat van een solitaire psychopaat, maar ik zou graag weten hoe het er vanbinnen uitziet, hoe het werkt, en waarom.

Daar zou ik misschien wijzer van zijn geworden.

Ik heb mijn leven met mijn vriend weer opgepakt, die ik tijdens die waanzinnige periode aan zijn lot had overgelaten. En ook mijn werk. Ik reis weer met het boemeltreintje dat zo op mijn zenuwen werkt, word weer geconfronteerd met die 'rare' blikken. Iemand heeft het zelfs bestaan me om een handtekening te vragen. Toen ben ik echt agressief geworden.

In de menigte van mensen en journalisten die buiten voor het paleis van justitie stonden te wachten, had ik vaak het gevoel dat ik me een weg moest banen door een meute voyeurs.

En daarna heb ik mezelf opgesloten, vrijwillig deze keer, om de stukjes bij elkaar te zoeken van die enorme, duistere puzzel, waar ik middenin had gezeten en die ik had overleefd. Die wilde ik op mijn eigen manier opbergen in mijn geheugen, hopelijk voorgoed. Niet meer dan een boek op een plank.

Een boek dat ik snel hoop te kunnen vergeten.

Sabine Dardenne
zomer 2004

Dankbetuiging

Ik wil graag mijn dank betuigen, in het bijzonder aan:

Marie-Thérèse Cuny en Philippe Robinet, net als alle anderen die het me mogelijk hebben gemaakt dit boek tot stand te laten komen.

Mr. Rivière en mr. Parisse, die ik zeer vertrouw. Zij hebben mij gesteund, raad gegeven en beschermd... en doen dat nog steeds.

Mijn Bonne Maman, die er niet meer is en die ik heel erg mis.

Mijn mama, ondanks onze onenigheden. Je hebt maar één moeder!

Mijn vader.

Mijn vriend, die ik tijdens het proces opzettelijk niet heb laten delen in mijn leven, maar die me heeft gesteund en dat nog steeds doet, en zijn familie.

Jacques Langlois, onderzoeksrechter.

Michel Demoulin, iemand aan wie ik zeer gehecht ben, en alle andere leden van het onderzoeksteam van Neufchâteau.

Ik dank:

Mijn grote zus, omdat ze er voor me is.

Mijn vriendin Davina, die altijd een luisterend oor voor me heeft.

Laetitia, die ondanks onze onenigheden van vroeger me tijdens het proces heeft gesteund en met wie ik in contact blijf.

Château du Pont d'Oye, waar wij vier maanden hebben gelogeerd.

Commissarissen Shull en Simon, die ervoor hebben gezorgd dat tijdens het proces alles perfect voor me was geregeld, en het overige politiepersoneel.

Jean-Marc en Anne Lefebvre, die ons met open armen in hun huis hebben ontvangen.

Thierry Schamp, die een hele dag in zijn auto heeft gezeten voor het geval het bezoek aan de bergplaats op 27 april 2004 me te veel zou worden.

Restaurant Tante Laure, waarvan het personeel altijd goed voor ons heeft gezorgd.

Die journalisten die me hebben gesteund en die zich correct jegens mij hebben opgesteld.

De mensen van mijn werk, dankzij wie ik naar het proces kon zonder me zorgen te maken.

Voorts wil ik graag de volgende mensen bedanken naar gelang hun inzet of steun en in alfabetische volgorde:
André Collin
Jean-Marc Connerotte
Robert en Andrée Flavegèce
Jean Lambrecks
Jean-Denis Lejeune
Lucien Masson
Philippe Morandini
Bernard Richard
Onderzoeksrechter Tollebeeck en alle rechercheurs van Doornik
Yves en Josianne Vandevyver